# सम्पूर्ण कविताएँ

नामवर सिंह

संकलन-सम्पादन
विजय प्रकाश सिंह
अंकित नरवाल

राजकमल पेपरबैक्स

राजकमल पेपरबैक्स में
**पहला संस्करण :** 2023



**राजकमल पेपरबैक्स :** उत्कृष्ट साहित्य के जनसुलभ संस्करण

राजकमल प्रकाशन प्रा.लि.
1-बी, नेताजी सुभाष मार्ग, दरियागंज
नई दिल्ली-110 002
द्वारा प्रकाशित

**शाखाएँ :** अशोक राजपथ, साइंस कॉलेज के सामने, पटना-800 006
पहली मंजिल, दरबारी बिल्डिंग, महात्मा गांधी मार्ग, प्रयागराज-211 001
वेबसाइट : www.rajkamalprakashan.com
ई-मेल : info@rajkamalprakashan.com

बी.के. ऑफसेट
नवीन शाहदरा, दिल्ली-110 002
द्वारा मुद्रित

**मूल्य :** ₹199

SAMPOORNA KAVITAYIEN
*Complete Poems by* Namwar Singh
*Compiled and Edited by* Vijay Prakash Singh & Ankit Narwal

ISBN : 978-81-19159-42-0

जीवन संगिनी निर्मला के लिए
जिन्होंने पिताजी के सरस्वती भंडार से
झाड़-पोंछकर
यह पांडुलिपि खोज निकाली

**—विजय प्रकाश सिंह**

# क्रम

**उत्तरकथन**

# नामवर सिंह

28 जुलाई, 1926 को बनारस, उत्तर प्रदेश के जीयनपुर नामक गाँव में जन्म। प्राथमिक शिक्षा बग़ल के गाँव आवाजापुर में। काशी हिन्दू विश्वविद्यालय से बी.ए. और एम.ए.। 1953 में उसी विश्वविद्यालय में व्याख्याता के रूप में अस्थायी पद पर नियुक्ति। 1959 में चकिया चन्दौली के लोकसभा चुनाव में भारतीय कम्युनिस्ट पार्टी के उम्मीदवार। चुनाव में असफलता के साथ विश्वविद्यालय से मुक्त। 1959-60 में सागर विश्वविद्यालय के हिन्दी विभाग में असिस्टेंट प्रोफ़ेसर। 1960 से 1965 तक बनारस में रहकर स्वतंत्र लेखन। 1965 में 'जनयुग' साप्ताहिक के सम्पादक के रूप में दिल्ली में। इस दौरान दो वर्षों तक राजकमल प्रकाशन के साहित्यिक सलाहकार। 1970 में जोधपुर विश्वविद्यालय के हिन्दी विभाग के अध्यक्ष-पद पर प्रोफ़ेसर के रूप में नियुक्त। 1971 में 'कविता के नए प्रतिमान' पर 'साहित्य अकादेमी पुरस्कार'। 1974 में जवाहरलाल नेहरू विश्वविद्यालय (दिल्ली) के भारतीय भाषा केन्द्र में हिन्दी के प्रोफ़ेसर के रूप में योगदान। 1987 में वहीं से सेवा-मुक्त। अगले पाँच वर्षों के लिए वहीं पुनर्नियुक्ति। 1993 से 1996 तक राजा राममोहन राय लाइब्रेरी फ़ाउंडेशन के अध्यक्ष। 'आलोचना' त्रैमासिक के प्रधान सम्पादक और महात्मा गांधी अन्तरराष्ट्रीय हिन्दी विश्वविद्यालय (वर्धा) के कुलाधिपति रहे।

निधन : 19 फरवरी, 2019

## विजय प्रकाश सिंह

1 नवम्बर, 1949 को बनारस के जीयनपुर गाँव में जन्म। हाईस्कूल तक की पढ़ाई जीयनपुर के पास शहीद गाँव से। बी-एससी उदय प्रताप कॉलेज, वाराणसी से और एम.टेक. इंजीनियरिंग मास्को से। एयर इंडिया से सेवामुक्त हुए। स्वर्गीय पिता नामवर सिंह के बिसरे-बिखरे आख्यानों, आलेखों, अप्रकाशित सामग्री के प्रकाशन में लगातार सक्रिय। अब तक उनकी सात पुस्तकों का सम्पादन कर चुके हैं।

ई-मेल : vps1949@yahoo.com

## अंकित नरवाल

6 अगस्त, 1990 को जन्म। पंजाब विश्वविद्यालय, चंडीगढ़ से एम.ए. और पी-एच. डी. (हिन्दी)। चार पुस्तकें—'अठारह उपन्यास : अठारह प्रश्न', 'हिन्दी कहानी का समकाल', 'यू.आर. अनन्तमूर्ति : प्रतिरोध का विकल्प', 'अनल पाखी : नामवर सिंह की जीवनी' प्रकाशित और कई पत्र-पत्रिकाओं में लेखन। आधार पाठक मंच के 'प्रथम युवा आलोचक पुरस्कार' (2018) और 'साहित्य अकादेमी युवा पुरस्कार' (2020) से पुरस्कृत। सम्प्रति : असिस्टेंट प्रोफ़ेसर (हिन्दी), विधि विभाग, रीजनल सेंटर, पंजाब विश्वविद्यालय, चंडीगढ़।

ई-मेल : ankitnarwal1979@gmail.com

# प्राक्कथन

मुझे पिताजी के लेखों और व्याख्यानों को इकट्ठा करके रखने और पढ़ने का शौक़ बहुत दिनों से है। आज उनके इस दुनिया में न रहने पर तो यह और बढ़ गया है। उनके लेखों और व्याख्यानों की कई पुस्तकें प्रकाशित होने के बाद 'द्वाभा' और 'आमने-सामने' नामक पुस्तकों की सामग्री जब पिताजी को देखने के लिए दी गई थी, उसे देखकर वे आश्चर्यचकित और प्रसन्न हुए थे। उन्होंने बड़े मन से दोनों पुस्तकों का नामकरण भी किया था। मैं कभी-कभी उनके कमरे में जाकर किसी लेख, व्याख्यान, पुस्तक की तलाश करता था, तो अक्सर कहते थे कि मेरे इस दुनिया से जाने के बाद तुम इत्मीनान से यह सब देखना और पढ़ना। 2013 में प्रकाशित उनकी पुस्तक 'प्रारम्भिक रचनाएँ' की सामग्री की तलाश और सम्पादन भारत यायावर जी कर रहे थे, तो उस समय पिताजी ने अपनी कविताओं की इस पांडुलिपि को भी खोजने का प्रयास किया था। उस समय दुर्भाग्य से उन्हें यह नहीं मिल सकी थी। केवल 26 कविताएँ ही कई स्रोतों से इकट्ठा करके उस पुस्तक में प्रकाशित की गई थीं। उन्होंने अपने इन कविताओं के संकलन को 'नीम के फूल' नाम से पुस्तक रूप में छपने के लिए अपने मित्र जगदीश भारती को दिया था। किसी कारणवश यह संकलन भारती जी के 'भारती प्रेस' से न छप सका और न जाने कहाँ खो गया। कुछ समय बाद प्रेस भी बन्द हो गया था। यदि उस समय यह संकलन छप गया होता तो यह उनके साहित्यिक सफ़र की पहली पुस्तक होती।

पिताजी के इस दुनिया से जाने के बाद उनकी पुस्तकों को 'इन्दिरा गांधी कला केन्द्र' को देते समय, बहुत सारी पुस्तकों के बीच से एक हस्तलिखित पुस्तिका मेरी जीवनसंगिनी निर्मला के हाथ लगी। उस पुस्तिका को झाड़-पोंछकर जब हम

दोनों ने देखा तो बड़े अक्षरों में क़लम से लिखा था—"नामवर सिंह—कविताएँ (1951-52)।" 70 साल से खोई हुई उस पुस्तक को पाकर जिस ख़ुशी का अहसास हो रहा था, उसे शब्दों में बयान नहीं किया जा सकता। कुछ ऐसा लग रहा था, जैसे कुम्भ के मेले में अपना कोई अज़ीज़ मिल गया है। यह 'नीम के फूल' इतने लम्बे समय तक धूल-मिट्टी-जाड़ा-बरसात आदि के थपेड़े झेलने के बाद भी मुरझाया नहीं था। उसके शब्दों की आभा मोती की तरह रोशनाई लिये हुए अक्षरों में पूरी तरह बरकरार थी। इसके मिलने के बाद भी कुछ ऐसा अहसास हो रहा था कि इसमें कहीं कुछ छूट गया है। कई दिनों बाद उनके अप्रकाशित लेखों और व्याख्यानों के साथ एक 6 जनवरी, 1952 का लिखा 'अपने बारे में' शीर्षक लम्बा लेख भी मिल गया, जिसे पाकर मेरी ख़ुशी दोगुनी हो गई। एक तरह से 'नीम के फूल' के साथ उसका फल और बीज भी मिल गया। यह एक आलोचनात्मक लेख है, इस लेख में उन्होंने बताया है कि वे कविता की दुनिया को छोड़कर आलोचना में कैसे आए। वे जब कभी किसी मंच से बीज-वक्तव्य दिया करते तो अक्सर कहते थे कि आलोचक की स्थिति फल के बीज की तरह होती है; अन्दर से कठोर और कड़वा होना उसकी नियति है।

आलोचना की दुनिया विचारों-विमर्शों की दुनिया है। साहित्य का सफ़र भी कुछ जीवन के सफ़र जैसा ही होता है। इस सफ़र में भी हर मोड़ पर कुछ विचार और कुछ लोग छूट जाते हैं। एक शायर ने ख़ूब कहा है—

*सफ़र में ऐसे कई मरहले भी आते हैं।*
*हर ए क मोड़ पर कुछ लोग छूट जाते हैं।*

**—आबिद अदीब**

आलोचना के पथ पर जीवन-भर बड़ी तन्मयता के साथ चलते रहे। इस संकलन में उनके 'अपने बारे में' शीर्षक लेख के अन्तिम वाक्य से अन्दाजा लगाया जा सकता है—"यदि मनुष्य के क्षीण शरीर में अनुराग-रंजित धरती का रस खींचकर दे सका; उसकी मानसिक नीरसता में विविध सामाजिक सम्बन्धों की सरसता दे सका; यदि उसके असन्तोष को स्वस्थ संयम तथा दृढ़ता दे सका तो अतीत से निचोड़कर, वर्तमान से दुहकर, भविष्य को चीरकर देने की कोशिश करूँगा। इस संघर्ष में भले ही यह कवि टूट जाए-जाए!" पिताजी आलोचना के पथ पर चलते हुए भी दिल के किसी कोने में अपने कवि को छुपाकर जीवित रखे

हुए थे। उन्होंने साहित्य की सारी विधाओं में से कविता पर ही ज़्यादा लिखा और बोला है। कविता के नए प्रतिमान भी स्थापित किए हैं। 1940-50 के कालखंड में लिखी गई उनकी ये कविताएँ उस समय के देशकाल, प्रकृति, साहित्यिक माहौल, संस्कार आदि को आत्मसात करके, ध्यानस्थ होकर लिखी गई हैं। मिर्ज़ा ग़ालिब के शब्दों में कहें तो—

*आते हैं गैब से यह मजामीं ख़याल में*
*ग़ालिब सरीरे-ख़ामा नवाए-सरोश है।*

पिताजी ने अपने एक व्याख्यान में कहा भी है, "एक कहानी, एक कविता, एक उपन्यास लेखक के अन्दर से निकलकर किताब के रूप में छपकर समाज में जब आती है तो अपने साथ की पूरी एक सामाजिक-सांस्कृतिक दुनिया लेकर आती है।"

कक्षा 11 में लिखी गई पिताजी की 1945-46 की डायरी के पन्नों से इन कविताओं के बारे में दो बातें पता चलती हैं। पहली, 26 अप्रैल, 1945 को बनारस की प्रसाद परिषद् की काव्यगोष्ठी में उन्होंने कुछ कविताएँ रायकृष्णदास, सम्पूर्णानन्द, विश्वनाथ प्रसाद मिश्र आदि महत्त्वपूर्ण विद्वानों और कवियों के साथ सुनाई थीं। उनकी कविताएँ सुनकर लोगों ने वाह-वाह के पुल बाँध दिए थे। वहीं उनकी कविताओं को छापने के लिए भी लोग माँगने लगे थे। उस समय बनारस में की अख़बारों और कुछ साहित्यिक पत्रिकाओं में उनकी कुछ कविताएँ छपी भी थीं। दूसरा वाक़िया 15 मई, 1945 को मिर्ज़ापुर के कवि सम्मेलन का है। उस मंच पर हरिवंशराय बच्चन जी के साथ उनका भी काव्यपाठ हुआ था। बच्चन जी मंच पर उस दिन ख़ूब जमे थे। पिताजी नहीं जम पाए थे। कवि सम्मेलन समाप्त होने पर बच्चन जी को 25 रुपये और पिताजी को 10 रुपये मिले थे। उस दिन पैसा कम मिलने के कारण किशोर कवि नामवर सिंह बहुत उदास और दुखी थे। उसके 38 साल बाद आलोचना के पथ पर चलते-चलते दिल्ली में ऐसा संयोग बना कि 1983 में हरिवंशराय बच्चन जी की रचनावली का लोकार्पण समारोह था, उस समारोह में देश के प्रतिष्ठित साहित्यकारों को बुलाया गया था। मंच पर बच्चन जी के साथ, तत्कालीन प्रधानमंत्री श्रीमती इन्दिरा गांधी, बच्चन जी की धर्मपत्नी तेजी बच्चन जी, श्रीमती शीला संधू, अजीत कुमार जी की मौजूदगी में उन्होंने ऐसा प्रभावशाली भाषण दिया था कि लोगों से उन्हें ख़ूब प्रसंशा मिली थी। इन्दिरा

जी ने भी व्यक्तिगत रूप से पिताजी को बधाई दी थी। इसकी चर्चा उस समय के 'दिनमान' जैसे प्रमुख पत्र-पत्रिकाओं में भी ख़ूब हुई थी।

अब यदि पिताजी इस दुनिया में होते तो अपने संकलन की इन कविताओं और अपने लेख 'अपने बारे में' की ढीली चूलों को कसकर ही छपने के लिए देते। हठ करने पर कुछ लिख भी देते। मैं केवल कविता का आस्वाद लेने वाला पाठक हूँ, कविता का पारखी तो बिलकुल नहीं हूँ। लेकिन अपनी मति, स्मृति और इन कविताओं के बारे में लिखी बातों के आधार पर इतना अवश्य कह सकता हूँ कि एक ज़माने में इन कविताओं को तात्कालिक साहित्य-प्रेमियों ने न केवल चाव से सुना ही था, बल्कि ख़ूब सराहा भी था। काव्यशास्त्र के आचार्यों ने काव्यानन्द को ब्रह्मानन्द का सहोदर कहा है और साहित्य को मृत्यु का सामना करने की विधि बताया है। मुझे उम्मीद है कि साहित्यप्रेमी कवि नामवर सिंह की सम्पूर्ण कविताओं के इस संकलन को पढ़कर आनन्दित होंगे। सुधी पाठकों से आग्रह है कि इस संकलन को पढ़ते हुए वाल्ट व्हिटमैन की इन पंक्तियों को दिलो-दिमाग में अवश्य रखें—

"हम जब कभी किसी किताब को छूते हैं, किसी बेजान चीज़ को नहीं, किसी जीते-जागते मनुष्य को छूते हैं।"

यह संकलन किशोर कवि नामवर सिंह के कवि-हृदय से परिचित करवाने वाला एक महत्त्वपूर्ण ऐतिहासिक दस्तावेज़ है। ये वही कविताएँ हैं जिन्हें पूजा की थाल में लेकर वे सरस्वती के मन्दिर में पहली बार गए थे।

अंत में राजकमल प्रकाशन के श्री अशोक महेश्वरी और उनके सहकर्मियों का आभारी हूँ, जिन्होंने इतने कम समय में इस संकलन को प्रकाशित करके पाठकों तक पहुँचाने का प्रयास किया। हमारे सहयोगी श्री अंकित नरवाल का आभारी हूँ, जो अपने पिताजी की गम्भीर बीमारी के बावजूद बड़ी लगन से इस संकलन को तैयार करने में जुटे रहे।

**—विजय प्रकाश सिंह**

# अपने बारे में

मैं नहीं मानता कि अपने बारे में कहना बड़ा कठिन है और यह भी नहीं कि 'कविता ही कवि का परम वक्तव्य है; अतः यदि कविता के स्पष्टीकरण के लिए गद्य का आश्रय लेकर कुछ कहना पड़े तो साधारणतया इसे उसकी पराजय समझनी चाहिए।' अपनी कविता की सफ़ाई गद्य में दी तो, पद्य में दी तो बात एक ही है। बल्कि पद्य की सफ़ाई चिंत्य : एक तो अस्पष्ट, दूसरे, माध्यम का दुरुपयोग रही अपने बारे में कहने की कठिनाई। कठिनाई केवल शिष्टता और उपचार की है। अन्यथा, सचेत कवि अपने बारे में आलोचकों से कहीं साफ़ और सही जानता है। पन्त-निराला-प्रसाद प्रमाण हैं। यों थोड़ी-सी शिष्टता दिखाकर कहते सब हैं। 'कवित विवेक एक नहिं मोरे' कहने वाले महाकवि को भी अपने 'मानस' के विषय में 'अरथ अनूप सुभाव सुभासा', 'धुनि अवरेव कवित गुन जाती', 'नव रस जप तप जोग विरागा', 'भगति निरूपन विविध विधाना' आदि का समावेश बखानना पड़ा। आदि कवि भी 'पादबद्धोक्षर समः तन्त्री-लय-समन्वितः' इंगित करने का लोभ संवरण न कर सके। भवभूति की झल्लाहट तो बहुतों के लिए ढाल हो गई। ग़रज़ कि सबने 'निज निज मुखन कही निज होनी।' हाँ, कहने के ढंग में फ़र्क़ हो सकता है। तुलसी ने भी कहा और शॉ ने भी। अस्तु, साथियों की सूझबूझ पर काफ़ी भरोसा रहते हुए भी मुझे अपने काव्य-प्रयत्नों के विषय में कहना पड़ रहा है। कहना है औरों के लिए नहीं, अपने लिए—आत्मनिरीक्षण, आत्मनिर्माण के लिए भी। राह इसी तरह मिलती है। यों तो होनी का बयान उसी को सोहता है जो कुछ हो चुका हो या होनहार हो। तथापि एक 'कवियशः प्रार्थी' के बारह वर्षों की 'असफलताओं' की कहानी का भी कुछ महत्त्व हो सकता है। अस्तु, अपनी बात

तीन उपशीर्षकों में कहूँगा (1) आत्मनिर्माण की कथा, (2) कृत का विश्लेषण, (3) कर्तव्य की दिशा।

## 1

निर्माण के चार सोपान—ब्रजभाषा काव्य की नकल (39-40), प्रेमगीतों का प्रलाप (41-44), प्रकृति वर्णन और फिर भाव-तरलित प्रकृति चित्रण (45-48), अन्तर्गूढ़ अनुभूतियों के एपिग्रैम (51) लीजिए अब पूरी ख़बर सुनिए—

पद्यबन्धी शुरू की ईस्वी सन् 39-40 के आस-पास। लड़कपन ही कहना चाहिए उसे, यों उम्र तेरह-चौदह से कम न थी : ठीक रवि बाबू के फटिक चंद की। वय: सन्धि। लड़कपन इसलिए भी कि गाँव के लड़के शहरवालों से यों भी पाँच-छह बरस छोटे होते हैं : जवान और बूढ़े भी पीछे होते हैं। इससे यह न समझना चाहिए कि इसी उम्र में कविता शुरू करने वाले अन्य बड़े कवियों की तरह यहाँ भी सरस्वती देवी की विशेष कृपा थी। यह मुग़ालता न तब था, न अब। किसान का बेटा मेहनत का विश्वासी रहा है। कृपा थी अन्त्याक्षरी देवी की। कविताएँ याद थीं—सभी प्राय: मध्ययुगीन ब्रजकवियों के कवित्त सवैये। इतनी रटाई कुछ तो पैदा करती। रहा होगा पहला कवि वियोगी और नहीं तो यह लक्षित करनेवाला ही, लेकिन यह कवि नहीं। फलत: चीज़ भी वैसी ही निकली। जितनी बड़ी प्रेरणा उतनी बड़ी कविता एक ओर :

*साजि सब कटक अटक नहिं राखिचित*
*हन्योटहिटलर पोलैंड हिम टूटिगो!*

दूसरी ओर :

*आस दुइ मास प्रिय-मिलन अवधि की है*
*उमगै उरोज रहै कंचुकि मसकि मसकि!*

पहली पर शाबाशी मिली और दूसरी पर हेडमास्टर की झिड़की! अर्थ देहाती मिडिल का विद्यार्थी होना सिद्ध हो गया। रचना का लक्ष्य भी पूछा गया और मैं कंचुकी तथा उरोज का सम्बन्ध स्थापित न कर सका। देहाती मिडिल का विद्यार्थी होना सिद्ध हो गया। रचना का लक्ष्य केवल छन्द-घटन था। भाव से क्या मतलब! इस प्रकार इस तुकाराम ने आँख भी खोली तो ब्रजकाव्य में जब शहरों में उसकी

चिन्ता शान्त हो चुकी थी और छायावाद ज़माने की तीखी धूप में बिला रहा था। फिर भी मुझे आवाज़ापुर के बा. सूबेदार सिंह, रामगति सिंह, जयचन्द सिंह, अमरेश भट्ट, और श्याम नारायण गुप्त की वह गोष्ठी न भूलेगी जहाँ ब्रज के सधे स्वरों की आवृत्तियाँ होती थीं और अनुकृत स्वरों पर शब्द-मैत्री आदि का विचार होता था। वह गोष्ठी मेरी यशोदा है। छन्दों की शिक्षा भी वहीं मिली। उसके बाद तो आज तक 'छन्दप्रभाकर' सपना रहा। 'मुहब्बत की नहीं जाती मुहब्बत हो ही जाती है' के वज़न पर 'कविता की नहीं जाती, कविता हो ही जाती है' समझने वालों को अपनी ओर से मैं कह जाना चाहता हूँ कि कविता की जाती है : बल्कि की ही जाती है।

बहरहाल, उस अनुभवपक्व गोष्ठी के नायिका-भेद में मेरी पैठ न देख तथा एक दिन खड़ी बोली की अनगढ़ छन्द-पूर्ति सुनकर राय दी कि खड़ी बोली में ही अभ्यास करूँ। अभ्यास शुरू हुआ काशी आने पर जुलाई 41 से। क्षत्रिय स्कूल—खड़ी बोली के पद्यों का साथ, नई ज़बान, कवि जी हाथ मारने लगे। आभारी हूँ श्री सागर सिंह का जिन्होंने पुस्तकों द्वारा तथा सुधार-संस्कार और फिर शम्भूनाथ जी जैसे कवि के परिचय में लाकर मुझे गाँव की गोद से काशी के चरणों पर उतार दिया। कालेज मैगज़ीन में एक कविता भी छपा दी—'सुमन रो मत, छेड़ गाना' जो मेरी कविता का आमूल संस्कार क्या ख़ुद उन्हीं की रचना थी। 'क्षत्रिय मित्र' में भी मुझे उकसाया। उन्हीं दिनों एक और अग्रज मिले श्री महेन्द्र कुमार सिंह जिन्होंने मुझे अपनी प्रशंसाओं से स्फीत तथा पुस्तकों से प्रीत किया। खड़ी बोली में गद्य लिखने की तमीज़ न थी और पद्य में सही-सही पर मारने लगा। उन्हीं दिनों न जाने कैसे 'मुक्तछन्द' की सनक सवार हो गई। 'नभ में पतंग' एक वैसी कविता कॉलेज मैगज़ीन में स्थान भी पा गई—यानी उसके योग्य सम्पादक पर अरोचकी समीक्षक बा. मार्कण्डेय सिंह की नज़रों में जगह पा गई। आजकल तो बहुत से नवसिखुए मुक्तछन्द से ही शुरू करते हैं और बड़े होने पर भी ढीलापोली नहीं जाती; बन्द कसने पर भी उभार नहीं आता—कसावट तो दूर। भला हुआ जो मिल गए परामर्श कटु किन्तु समीक्षापटु श्री त्रिलोचन शास्त्री। 'क्षत्रियमित्र' कार्यालय था और 42 का समय। रोका उन्होंने। मोती बी.ए. की सद्य:प्रकाशित 'छवि का दर्शन' की व्याख्या की; दोष बताए। रवि ठाकुर की 'उर्वशी' से तुलना की। बांग्ला अभ्यास की रुचि जगाई। गद्य लिखने—ख़ास तौर से डायरी का उपदेश दिया। सब कुछ पहली मुलाक़ात में। आँखें खुल गईं। 'अनामिका' ख़रीदी थी, बन्द कर दी।

उन्हीं दिनों हाथ लगी महादेवी जी की 'रश्मि'। 'इन आँखों ने देखी न राह कहीं, इन्हें धो गया नेह का नीर नहीं' सवैया भा गया। बहुत भाया। ब्रजकाव्य के संस्कार को नई दीप्ति मिली। 'मरुभूमि' पर अन्योक्ति करते हुए पाँच-छह सवैये लिख डाले जिनमें अपना उद्‌घाटन किया गया था। यानी यह हृदय जो आज 'मरुभूमि' सा लग रहा है, कभी सागर था और इससे भी भावों के मेघ उठकर बरसते थे और अब भी 'हर साँस हवा में पिरो रहा हूँ'। 'वस्तुनिष्ठता' का स्थान 'आत्मनिष्ठता' ने ले लिया था। सवैया-लेखन का यह संस्कार समय-समय पर बराबर उभरता रहा—43 में 'तान के सोता रहा जलचादर' वाला सवैया लिखा तो 51 में भी 'पन्थ में साँझ पहाड़ियाँ ऊपर' आदि छः सवैये। इस छन्द में मुझे सदैव एक सुखद निजीपन मिलता रहा है। बहरहाल यह दौर प्रेम गीतों का था। घोषित किया—

*प्यार के गीत जो गा रहा हूँ कभी प्राण के तार पर गा गया कोई।*

... ... ...

*आँसुओं में कुछ बाँध के दे मुझे भी उरवाला बना गया कोई॥*

काशी में उन दिनों शम्भूनाथ जी छा रहे थे, मोती की गूँज थी, सुरेन्द्र की कड़क थी, पाण्डेय श्यामनारायण की ललकार थी और त्रिलोचन को विस्मय के साथ सुना जाता था। परन्तु मुझे केवल शम्भूनाथ जी के सम्पर्क में आने का अवसर मिला—अवसर क्या सौभाग्य। उन्होंने मुझे कला दी, गला दिया। स्कूल से उबारा—कवि सम्मेलन में बिठाया। घिघियाता था—गुनगुनाने लगा। 'अनुहरि ताल गतिहि नट नाचा'। थोड़े हेरफेर के साथ उन्हीं के छन्दों में गा चला। बिना किसी प्रणयानुभूति के उन्हीं के स्वरों में जीने-मरने का अभिनय करने लगा। वही साधना-अर्चना, सपना सुधि की पदावली, वही विरोधाभास-भूल की याद, निकटता की दूरी ज़िन्दगी की मौत, मुक्ति की कारा। शम्भूनाथ जी पर घनानन्द बरस रहे थे। थीसिस की तैयारी में छायावाद के कवि भी साथी हो चले थे। यह उनके 'छायालोक' का युग था। मोती स्वर निकालते, महेन्द्र तानते और शम्भूनाथ जी साधते। हमने समझा हिन्दी में छन्द इतने ही होते हैं। काग़ज़ काफ़ी काला किया। आज वे केवल स्मृति शेष हैं; सुबह की किरण ने उन्हें जला दिया। जलते देख मैंने आह तक न की। कुछ नमूने लीजिए—

(1) *अपरिचित थे बड़ा सुख था, तुम्हें क्यों प्राण पहचाना*

(2) *न दुख मिलता न सुख मिलता न जाने प्राण क्या पाते!*
*कभी जब याद आ जाते!*

(3) *दिशा में जब निखर आतीं अँखड़ियाँ स्वयं भर आतीं*
*अधखुले द्वार पर दिन के निशा जब दीप धर जाती*
*निकलती तारिका पहली किसी की याद आ जाती!*

(4) *देखकर तुमको तनिक मुसका उठा मेरा अँधेरा!*

यही राग अलापते सन् 44 बीतने को आया; 9वीं कक्षा बीत चली। धारा बदली कवि नेपाली ने। उन्हीं दिनों वे काशी आए। सबको छोप लिया। हमारे उस्तादों के नुस्ख़े बेकार होते दिखे। आस्था डिगी। 'तुम कल्पना करो नवीन' और 'दो मेघ मिले बोले डोले' ने नया कंठ दिया। कल्पनाएँ नई हुईं; मेघ भी नये छाये। काशी का संस्कृत कषायित गला कुछ साफ़ हुआ। खड़ी हिन्दी की ठेठ रवानी तोड़ चली। राष्ट्रीयता की लफ़्फ़ाजी और प्रकृति की रंगीनी सज निकली। कवि-सम्मेलनों में पानी पी-पीकर गाने वाले कवियों को हिदायत मिली। तब तक मैं प्रभाव-प्रूफ़ नहीं हुआ था। स्वर साध चला। 'तुम हो स्वतन्त्र', 'तुम हो जवान'। दोनों में फ़ालतू उर्दू शब्दों ने भाषा दोगली कर डाली। नक़ल पर बड़ों ने नाक सिकोड़ी, भौं चढ़ाई। सलाह से नहीं पर मजबूरी से यह राह छोड़ी। मिलावट का काम भी मेहनत और हुनर चाहता है। आज़ाद हिन्द फ़ौज वृहत्रयी तथा जेल से छूटने वाले अच्युत लोहिया जयप्रकाश की वृहत्रयी बाज़ारों में आई गई। बड़े-बड़ों ने विरुदावली लिखी। असमर्थ रहा। अब प्रेम-गीतों की आविल भूमि से ऊब चुका था। उबार हुआ।

झूठी आत्माभिव्यक्ति कब तक चलती। जब प्रणय जीवन में न था तो सहपाठियों की दोस्ती पर रंगीनी कब तक चढ़ाता। यों, उस्तादों को भी उसी लाइन पर रपटते देखा। नेपाली ने वहाँ से उठाकर प्रकृति की चित्रपटी पर रख दिया। लिखा मैंने—

*बादल के टुकड़े-सा दिन के तीसरे पहर में उगा चाँद!*

घर छूटा तो दुनिया बड़ी दिखी : आसमान भी। पाँखें खुलीं। उड़ा। सोचा, जब नक़ल ही करनी है तो बड़ों की करूँ। त्रिलोचन जी नारद की तरह तीन वर्ष बाद फिर मिले। उन्होंने अध्ययन के लिए एक धक्का फिर दिया। कवि-सम्मेलनों ने जो पर्दा डाल दिया था, उसे फाड़ा। विद्यार्थी बनने में यह जीव कभी नहीं अलसाया। कवि गुलाब ने भी परोक्षतः प्रेरणा दी। बिना गाये ही उन्हें प्रशंसित देख गलेबाज़ी का मोह त्यागा गँवार। था ही। देखी-सुनी प्रकृति का वर्णन शुरू किया—

*मैं दूर गाँव से खेतों पर*
*धीरे-धीरे आ रही साँझ*

*हँसती हँसती ज्यों लजा गई*
*तीसी जो अधर दबाए सी*
*तीसी अधखुले नयन में ज्यों*
*अपना घनश्याम छिपाये सी*

*दिन से बरधे निशि सी भैंसें*
*उस सुमेरु पर घूमा करते आदि।*

यह वर्णन था। चित्रण और चीज़ है। यह तो समझाया सन् 46 में 'धरती' ने। त्रिलोचन जी ने सव्याख्या समझाया। उन्होंने सच्चे अर्थों में मुझे 'धरती दी—धरती, अपने अनुभवों और दृश्य-स्पृश्य जगरूप की। आकाश भी उन्हीं से मिला था। आकाश, महाकवियों के काव्य का। प्रसाद और पन्त की 'सी' 'सी' छूट गई। नये प्रकार की देहाती पदावली मिली। छन्द भी बहते हुए। गीतों की दुनिया दूर गई। इस वर्ष दो अनुवाद किये जिन्होंने काफ़ी शक्ति दी—एक कीट्स के 'लॉ बेल दाम साँस मर्सी' का 'निर्मम सुन्दरी' शीर्षक से दूसरा रवि ठाकुर की 'उर्वशी' का। दोनों के थोड़े-थोड़े नमूने ये हैं—

*सिर माल कुसुम कंगन सुरभित करधनी उसे मैंने रच दी।*
*मुझ पर ज्यों डाल प्रणय चितवन उसने मीठी उसाँस भर ली॥*
*धावित तुरंग पर बिठा उसे दिन-भर देखा कुछ नहीं अन्य।*
*अल्हड़ वह गाती रही झूम झुक-झुक परियों के गान धन्य।*
*लायी मुझको मृदु कन्दमूल मादक मधु स्वर्गिक सुधा सार।*
*अद्भुत भाषा में बोल उठी 'सचमुच करती मैं तुम्हें प्यार'॥*

'उर्वशी'

*माँ न, कन्यका न, वधू भी न रूपसी,*
*नन्दन वासिनी उर्वशी।*
*साँझ झुकी गोठ में सुवर्ण-अंचला*
*गेह में किसी न गई दीप तू जला*
*जड़ित चरण, नमित नयन, वक्ष कम्पिता*
*कुसुम सेज पर न गई मन्द सस्मिता*

*अर्धरात्रि में सलज्जिता*
*उषा के उदय समान अनवगुंठिता,*
*तुम अकुंठिता।*

कीट्स के अनुवाद से ठाकुर का अनुवाद कमज़ोर है; कारण मौलिक से छन्द की छोटाई। कम समझ में आने तथा अल्प पठित होने पर भी कीट्स मेरा प्रिय कवि बन गया शायद रूमानी ज़िन्दगी के कारण। उसी 'नाइटिंगेल ओड' की पीड़ा ने मेरे मर्म को अपने ढंग पर झंकृत किया। 'पर्वतीय कोकिल' मैंने भी लिखा था—

*बोलती पिकी सुधि-गिरि पार*
*कहाँ हो आओ*
*दूर न जा, दूर न जा, दूर*
*कहाँ हो आओ!*

*निज प्रकाश में रुककर*
*खड़ा देखता दृग-भर*
*जीवन की बाँह बढ़ रही*
*जैसे तिमिर —शिखर*
*डूबा मन दिन समान*
*निशि-सी यह छाँह म्लान*
*आह आज मुझसे ही*
*मेरी छाया महान!*

इस कविता में भाव-व्यंजना कम, हिमालय के दृश्यों का मोहक अंकन अधिक था और सिफ़त यह कि तब तक हिमालय अनदेखा था। कुछ सख्य-पत्रों की प्रेरणा थी। मैदानी जीव के लिए यही काफ़ी था। कई हिम-हसित कविताएँ उस रंग से रँग उठीं। प्रात: के हिमालय को 'भूमि की निर्वात दीपशिखा' के रूप में देखा और देवदारु के वृक्षों तले सद्योजात बछड़ों की तरह अलसाये मेघखण्डों की कल्पना की। हिमालय देखने पर यह रंगीनी झड़ गई। कविताएँ आईं पर दूसरा पानी लेकर। बहुतों के गले लगीं भी।

उसी साल समुद्र भी देखा पुरी के निकट। देखते ही प्रेमगीतों में समुद्र की उपमा देने वाला कवि अक्की-बक्की भूल गया। उस निर्जन को देखा जिसमें सागर लहरी

अम्बर के कानों में गहरी निश्छल प्रेमकथा कहती थी और जिस पर नील नयन से ताराओं की घनी पाँत दुलकाती थी। मूँगे-सी समुद्री साँझ, मोती-सी दोपहरी, पाल खोले नाव सरीखे दिन का आना देखा और लिखा। हिमालय ने भावों को आकाश दिया, सागर ने गहन नीलिमा का विस्तार दिया और मेरे गाँव ने उर्वर हरी मिट्टी दी। मिथ्या प्रेम और शाब्दिक राष्ट्रीयता से भाग कर जीवन की नीरसता ने प्रकृति में शरण ली। गीत के राजकुमारों ने 'इश्क को जगह देने' की राय दी, उत्साही राष्ट्रसेवियों ने पलायन कहा। यहाँ यथार्थ की गहराइयाँ प्रकृति के बीच भी बेचैन थीं :

*खड़ा-खड़ा सरितट पर*<br>
*रोता महुआ झर-झर*<br>
*पी रहा नयन में भर*<br>
*मैं तुम्हें अकेला!*

उन्हीं दिनों एक और कवि के साथ मेरी घनिष्ठता हुई, यद्यपि परिचय पुराना था। ये थे 'दो जीवन का प्यार हृदय है' जैसी अनुभूति को बारह की ही वय वाली में व्यक्त करने वाले हरिमोहन। इनकी मीठी मोहिनी बातों ने प्रकृति की रेखाओं में कभी-कभी भावों की रंगसाजी करने की याद दिलाई—

*बनकर साँझ नयन में छलछल आई याद तुम्हारी!*

अथवा

*दिन बीता पर नहीं बीतती, नहीं बीतती, साँझ*

*देख रहा हूँ दूर यूकलिप्टस की खुली भुजाएँ*<br>
*बाँहों में आकाश नयन में कुहरे की रेखाएँ*<br>
*किन्तु विहग-कूजित इस वन से नहीं बीतती साँझ!*<br>
*अखिल आयु प्लावित इस क्षण से नहीं बीतती साँझ!*

*गीत लिखा फिर भी गायन से नहीं बीतती साँझ!*

रंग-रेखाओं की थोड़ी बारीकी के साथ यही ढंग सन् 48 ई. तक रहा। यों तो अपनापन काफ़ी आ गया था तथा औरों से साफ़ अलगाव भी लेकिन यों समझिए कि

*चलता था थोड़ी दूर हर एक तेज़ रौ के साथ।*<br>
*पहचानता नहीं था अभी राहबर को मैं!!*

यह बी.ए. कक्षा थी। विद्यार्थी की ज़िम्मेदारियों ने दबोचा। जनवाद के वामपन्थी संकीर्ण दौर ने धमकाया। फिर 'नव संस्कृति संघ'। कवि जी मन्त्री बने। आलोचना के पर मारने लगे। कहना कुछ और लिखना कुछ। असम्भव था। जो रुचता वह लिख न पाता जो लिखता वह रुच न पाता। क़लम बन्द। पढ़ाई शुरू। 'प्रतीक' ने प्रयोगवाद को टॉनिक दिया। पढ़ना पड़ा। 'तार सप्तक', 'इत्यलम्', 'नाश और निर्माण' को पाठ्य-पुस्तक की तरह पढ़ा। नोट लिये। त्रिलोचन जी ने मदद की। काशी में एक वही ऐसे रहे जो शम्भूनाथ जी से मुक्त अपनी राह चलते रहे। इधर तीन साल तक एकदम तौबा कर ली। दोस्तों ने कवि नामवर की मौत घोषित की और यहाँ ज़िन्दगी का स्वाद बढ़ रहा था। लेकिन द्वन्द्व तो था ही। विचारों में जनवाद का हौवा और मन में प्रयोगशील कविताओं की गूँज। समझौता सरल न था। मार्क्सवाद का अधकचरा ज्ञान नाहक खा रहा था। उधर प्रकृति चित्रण की भी दुर्दशा थी। यदि मैं 'कुम्हड़े के फूल' तक जाकर रुक गया था तो यार लोगों ने उसके चौड़े पत्तों पर आसन जमाया। अपना दोष तब दिखा। असाधारणता के रबर का फैलाव ऐसे ही सीमान्त छूता है। रूढ़ि तो रूढ़ि ही है—सादगी को भी कृत्रिम बनाती है। चुप रहा। चुप हुआ। सभी द्वार बन्द दिखे। प्रेम गीत ठसाठस, प्रकृति चित्रण अजीबोगरीब, प्रगतिवाद नाराबाज़।

सहसा दिशा दिखी। मुकुल राय से परिचय हुआ और मार्क्सवादी साहित्य को पढ़ने का ढंग मालूम हुआ। बिना उसके व्यावहारिक ज्ञान के भी भीतर शक्ति का अनुभव किया। फूचिक, नेरुदा के दूरवर्ती स्वरों ने छूकर मुझे आदमी से साहित्य बना दिया। इसी बीच वाल्ट व्हिटमैन ने भी स्पर्श किया। बाँध टूटा। गद्य बह निकला। पन्द्रह दिन के भीतर भाव और शैली की पुनरावृत्ति बचाते हुए इक्यावन निबन्ध लिख गया। निबन्धों के दौरान स्थल-स्थल पर ऐसा लगा कि यहाँ कविता की ज़रूरत है। एम.ए. परीक्षा दी। चुकने पर कविता की लहर आई। अपने ही भीतर ज़िन्दा हुआ। बड़ी चीज़ लिखने को मन हुआ। रोका। ज़रूरी लगा, पहले छोटी और खानगी चीज़ों पर हाथ आज़माना। अभ्यास छूट जो चुका था। लिहाज़ा रूमानी पूर्वस्मृतियों को आँकना सोचा। प्रयोगशील कविताओं की कामयाबियों ने साथ दिया। संयम और मितव्ययिता काम आए। जितना कहना है उतना ही कहें : बटोरना और क्या। लिहाज़ा एपिग्रैम निकले-मीठे भी तीते भी—

(1) *चाँद, पथ, छिटपुट विटप तन धूप छाँहीं बौर*
*चल रुके हम गाछ तल टूटे सपन सा मोड़*

*छोड़कर कब का जुड़ा तुमने लिया कर जोड़*
*चिहुँकते पाखी, ठिठकते फूल हँसती लोर*
*लिपटती डग में डगर-सी डीबियों को डोर*
*बिछुड़ते रह जायँ हम चित्रित निरखते छोर*

(2) *'नाम कलि-आधार' यह कहाये तुलसीदास*
*क्यों न जनता का जपो तुम नाम बारह मास*
*शब्द, आँसू, आह,—अभिनेता नहीं विश्वास*
*सूर्य-सा जलता हृदय क्या है तुम्हारे पास!*

जुलाई सन् 51 तक की चीज़ें ऐसी हैं। मुक्तछन्द भी काफ़ी हैं। इस दौर की रचनाएँ 'नीम के फूल' नामक संग्रह में संकलित प्रेस सेवन कर रही हैं। होंगी कुल 40। उसके बाद 6 महीने से कर्त्तव्य-पथ का चिन्तन चल रहा है। यह है एक लेखन-व्यवसायी सैनिक की कहानी जो तेरह वर्ष तक ख़ुद अपने तथा अपने वातावरण से लड़ता रहा—प्रतिभा के बल पर नहीं, अध्यवसाय के बल पर।

## 2

अब कृत का विश्लेषण।

सबसे पहले इनका विषय। मैंने ख़ूब सवाल किया है कि क्या ये पलायनवादी नहीं हैं? अथवा इक्यावन वाले दौर की कविताएँ प्रयोगशीलों से किस मामले में भिन्न हैं? इनसे संघर्षशील जनता अथवा मानवता को क्या लाभ है? यहाँ सभी प्रकार के पक्षपात और पूर्वग्रह की गुंजाइश है। मोटी बात इतनी ही जानता हूँ :

(1) प्रकृति-चित्रण अथवा प्रेम-कथन मात्र पलायनवादी नहीं दृष्टिकोण पलायनवादी या प्रगतिशील होता है। ये कविताएँ इस नीरस बनाने वाली सभ्यता में मनुष्य-मन को रससिक्त कर सकें तो यही है उनका मानवतावाद, 'बुर्जुआ मानवतावाद' जिसका अपना ऐतिहासिक महत्त्व है।
(2) ये प्रयोगशीलों की Surrealist मनोवृत्ति से भिन्न हैं। इनमें मन की गूढ़-गाँठों की बीमारियाँ नहीं हैं। विषाद और बेचैनी प्रकृति के माध्यम से व्यक्त होती है जिसका आधार यथार्थ है। रूमानियत मात्र प्रयोगवाद नहीं।

(3) ये रूपाकार में प्रयोगशीलों से काफ़ी मिलती-जुलती तथा विषय में भिन्न हैं। रूपाकार में भी। दुरूह प्रतीक-विधान तथा बौद्धिक नीरस तर्कजाल से रिक्त हैं।

(4) इन कविताओं में राह पर 'बढ़े चलो' और 'जागते रहो' का नारा नहीं है—यानी सीधा अर्थवाद नहीं है। कुछ मधुर रागात्मक सम्बन्धों तथा प्रकृति से लगाव दिखाकर जीवन से प्रेम बनाए रखने की आस्था दी गई है।

(5) अनुभव किया है कि बड़ी कविता बाहरी चित्रकारी से आगे की चीज़ है और मनुष्य से बढ़कर कविता का कोई विषय नहीं। इसीलिए धीरे-धीरे भावपरक मर्मोद्घाटन प्रधान होता गया। अनुभव के साथ-साथ यह भी बढ़ेगा। नवसिखुए युवक के लिए प्रकृति सबसे अधिक उपयोगी उपादान है।

रही रूपायन की बात। यहाँ सबसे पहले प्रभावों की ही चर्चा करूँगा। चित्रण में रंग, रेखा तथा दोनों के आनुपातिक ज्ञान का महत्त्व है। दोनों का अभ्यास किया—

जैसे—

(1) *वन में वैदूर्यतम पिघल रहा*

(2) *जल पर वह जलद छाँह आ गई*
*दर्पण पर श्वास-भाप छा गई*
*बन की घन—भौंह तल कुहेस की*
*क्षीण रेख मुस्करा लजा गई।*
*नयनों के डोरों से रँग उठे*
*साधियों के सँभले निशान!*

(3) रंमिल कुहरे की रेखा-सी नीलाभ चीड़ तरु की शाखें।

यहाँ तक कि अतिरेक देखकर मित्रों ने व्यंग्यपूर्वक 'रंगों का कवि' कहा। विविध ऐन्द्रिय बोधों को भी जगाने की कोशिश की गई जैसे गन्ध चित्र :

*जाने कहाँ भीग रहे मौन मेंहदी के फूल*
*सौरभ की डोरियाँ ज्यों हो गईं शिरा शिरा*

रंग और रेखाओं के दबाव-उभार, छाया-छायाभास: गाढ़पन की सीमा आदि का ध्यान रखा गया और बचकानी लीपापोती बचाईं गई—

*रात के भीतर*
*उभरती रात-सी परिचित-अपरिचित पादपों की पाँत*
*स्पष्ट अनामिल से तनों की फाँक*
*के उस पार*
*चमकता है*
*शशि धुला निःसीम कल्प खुला खुला-सा ताल*

मानव-मुख पर उभरते हुए भावों की धूप-छाँह को भी उतारने की कोशिश की—

*झेंप की धूप-छाँह का मुखड़ा*
*पिघले हुए माखनी डेल दुराना!*

उन आंगिक चेष्टाओं को पकड़ा गया जो बारीक मानसिक भावों को सूचित करते हैं—

*पास हम नख से विलेखते अदेखते से*
*मौन अलगाव के प्रथम का बढ़ा आ रहा!*

अथवा— *एक ही धार में डूबते दो मनों का*
*टकरा कर दीठ निबारना।*

या : *पूछी हुई हर बात है*
*दीठ चुरा-चुरा मेदुर दूब निखोरना।*

या : *कुटकी दूब की वह अनमनी-सी मार*
*की सीत्कार।*

संयम ने भावावेग की अभिधा को सहज प्रतीक व्यंजना दी—

*हुई सहसा छाँह दो, दृग मुड़े पीछे, आह!*
*रोशनी हँस उठी फड़के पंख खड़के पात!*

अथवा : *हो गई सहसा नयन की डीठ दुहरी*
*बेभरोस असावधान, अजान, कोरों से*
*गया ढुल एक नन्हा*
*'काश।'*

या : *देख यह क्षण भी गया अनमोल ही*
*ओंठ पर काँपा 'कहो कुछ और'*
*दीठ मिलने के प्रथम की कौंध वह*
*स्वयं को ही ज्यों पकड़ ले चोर*

कहीं-कहीं यह संयम का बाँध टूटा भी परन्तु कम और वहीं जहाँ ज़रूरत थी—

*साँझ, जनसंकुल पहर, बहता हुआ फुटपाथ*
*दिखा : सहसा अपरिचित से चल रहे हम साथ*
*कब अकेला सा हुआ—इतना नहीं कुछ याद*
*आह, परिचय में कहाँ उस अपरिचय का स्वाद*
*खड़ा आपाहीन सड़क तरंगिणी के तीर*
*भीड़ केवल भीड़ मुझको चाहिए बस भीड़।*

इन बारीकियों के लिए बहुतों का आभारी हूँ। कीट्स पढ़ते समय मैंने विशेषणों का महत्त्व जाना। गाँठ बाँध ली। सन् 49 में 'माडर्न क्वार्टरली' में मायाकोव्सकी का एक लेख पढ़ा 'मैं कविता कैसे लिखता हूँ'? सीख मिली। वह पदावली (Diction) का कोश समृद्ध करने में रोज़ दस से अठारह घण्टे देता था। मैं इतना न दे सका। लेकिन यथाशक्ति दिया। जितना दिया उतना पाया। आदरणीय द्विवेदी जी से मालूम हुआ कि रवि बाबू कोश पढ़ा करते थे। शब्द-शिल्पी बनने का रहस्य जाना। पढ़ा था उन्हें पहले भी लेकिन जाना सन् 50 में कि किस प्रकार आरम्भिक दिनों में उन्होंने कालिदास की पदावली को पचाकर पुनर्नवता दी, यह कोश रोज़ तैयार होता है और काम देता है कविता लिखने के समय। कविता लिखने बैठकर कोश तैयार नहीं हो सकता। देशज शब्दों के पुनरुद्धार का भी ध्यान रहे पर अतिरेक नहीं। इन रचनाओं में जो कसावट है वह इसी कारण। वाक्यों को व्यंजित करनेवाले एक-एक बोलते विशेषण हैं। यहाँ प्रसंग गर्भत्व की भी चर्चा हो ले। प्रसंगगर्भी विशेषण या तो पौराणिक आख्यानों के नामपरक होते हैं या किसी कविता से एकाध शब्द लेकर

रूपायित होते हैं। इलियट ने 'वेस्टलैंड' में झड़ी लगा दी है। 'कीट्स' इसी से जटिल हो उठा। सभी कवि करते हैं। हमारे यहाँ कालिदास, भवभूति, तुलसी सबने किया है।

*तामभ्यगच्छद्रुदितानुसारी कविः कुशेध्माहरणाय पातः।*
*निषादविद्धाण्डजदर्शनोत्थः श्लोकत्वमापद्यतयस्यशोकः॥*

या रवि ठाकुर की—'अमि यदि जन्म नितेम कालिदासेर काले' कविता।

इस जन ने भी ऐसा किया है। बड़े कवियों की पाँत में बैठने के लिए शौक़िया नहीं और न चोरी के लिए ही। रहा नहीं गया। बहुत किया।

*क्षीण मन के हाथ से बह सा रहा है*
*सुनहले दिन का वलय हो आज ढीला!*

(कनक वलयभ्रंश रिक्त प्रकोष्ठः)

*मेचक कपोतकंठी बादल* (कठोर पारावत कंठ मेचक)

*दिन बीता पर नहीं बीतती नहीं बीतती साँझ*
(शेकाल बेला बीतिए गेलो बेकाल नाहिं जाय)

यह आदत बड़ी पुरानी रही है।

शेष रहा छन्द और लय। लम्बी कथा है इनका केवल इशारा करूँगा। गो, आज भी नहीं समझ पाया। शम्भूनाथ जी की छाया वाले युग में गाना ही छन्द था। अब भ्रम मिट गया। त्रिलोचनजी गा नहीं पाते फिर भी शम्भूनाथ जी से कहीं अधिक छन्दानुभूति तथा लय परिज्ञान उनमें मिलेगा। छन्द बन्ध में मात्राओं की गणना का ज्ञान ज़रूरी नहीं, ज़रूरी है लय की पकड़। अलग-अलग भावों और वस्तुओं की गति में अपना-अपना लय होता है। परखना बड़ा बारीक काम है। गीतों के युग में भी इस कठिनाई का बोध हुआ। 'समय की शिला पर' तथा 'प्राण तुम दूर भी, प्राण तुम पास भी' का अनुकरण करना चाहा। छन्द बन गया; स्वर भी मिल गया। परन्तु एकलयता न मिली। उन्होंने प्रकृति-चित्रण करना चाहा, नहीं हुआ। अपनी ही 'आई याद तुम्हारी' कविता के छन्द में कुछ और लिखना चाहा —बात न बँधी। कारण, दूसरा था। मुक्त छन्दों में भी यही बात है। मुक्त छन्द का अर्थ छन्द-मुक्त नहीं बल्कि छन्दरूढ़ि मुक्ति। गद्य को छोटी-बड़ी लाइनों में छन्दरूढ़ि-मुक्ति तोड़ना ही मुक्त छन्द नहीं। कौन-सी पंक्ति कितनी बड़ी रहे, यह बारीकी आज भी नहीं आ

पायी। मुक्त छन्द भी छन्द ही हैं और तुक-ताल मुक्त भी। परन्तु उनमें अन्तःतुक चलते हैं और चरणों की विषमता भावों के अनुसार चलती है। यह बात समझ में आ गई है इसीलिए मेरे 'एपिग्रैम' के मुक्त-छन्द भी कसे आए हैं। शम्भूनाथ जी के बँधे-सधे हाथों ने भी मुक्तछन्द लिखे हैं जिनमें काफ़ी फ़िज़ूलख़र्ची है, विविधता नहीं है सो अलग। छन्द में प्रवाह तथा लय की इकाई पकड़ना सबसे पहला काम है। अब तक मैंने निराला जी की छाया में विविध छन्दों का अभ्यास किया है, पन्त जी के 'पल्लव' की भूमिका से भी कुछ सीखने की कोशिश की। सवैया, उनके द्वारा तिरस्कृत समझे जाने पर भी लिखा। मुझे ये दोनों छन्द आज भी भाते हैं। एक संलायोचित उद्घोष में और दूसरा उर्मिल आवृत्तियों में। इनमें यथोचित नाटकीयता भर कर पुनर्नवता देने की कोशिश की है। संयुक्त क्रियाओं को हटाकर क्रियार्थक संज्ञाओं के प्रयोग से सवैयों को भी कस दिया है। एक पंक्ति गीतों के एक पाद (Stanza) का काम करती है।

अन्तिम बात एकान्विति के विषय में। शम्भूनाथ जी तथा महादेवी आदि के गीतों में एकान्विति 'ग़ज़ल' के ढंग की है। शुरू में एक चौंकाने वाली तगड़ी टेक रखकर बाद में उस पर जमावट की जाती है—जमावट उस पंक्ति को उदाहृत करती है उद्धरित नहीं। ग़ज़ल के हर शेर की तरह उनके हर पाद अपने में पूर्ण होते हैं। निराला के गीतों में यह बात नहीं है। आद्योपान्त अविच्छेद्य हैं। यह मुश्किल काम है। इधर के मेरे 'एपिग्रैम' इसी ढंग के हैं। मुझे जमावट से बुनावट पसन्द है—एक कवि-सम्मेलनों में जमाने की चीज़ है, दूसरी एकाग्रता में मन के भावों को बुनने की। संघटन ऐसा रहे कि एक पंक्ति खिसकाने में बुद्धि की टाँकी को पता चल जाय।

## 3

कर्तव्य की दिशा।

मुझे साहित्य-क्षेत्र में चुनाव नहीं जीतना है जो फड़कता घोषणा-पत्र तैयार कर दूँ। अपनी सीमाओं से अपरिचित नहीं हूँ। जीवन-संघर्ष में बिना कूदे पोथियों के बल अधिक दिन तक कविता न लिखी जाएगी। काग़ज़ की नाव सागर में न चलेगी—बँधे तालाब में भले ही गाजे। जन-आन्दोलन से उठे हुए ताज़े कच्चे भाव तथा ताज़ी कच्ची भाषा ही नये साहित्य में मूर्तिमान होगी। उसी आग में पिघल कर पोथियों का ज्ञान नये रूप में ढलेगा। मुझे इतनी तुकबन्दी के बाद भी कवि—केवल

कवि रूप में पैदा होने और जीवित रहने का मुग़ालता नहीं है। गद्य या पद्य जिस किसी भी माध्यम से मेरा अभिप्रेत फूट निकलना चाहेगा, फूटेगा। इस जन-संघर्ष में मानवता के हमराहियों को बल देने के लिए अपने को निःशेष करना ही सूझ रहा है। दूसरा कोई रास्ता नहीं। बात बड़ी चाहिए, माध्यम स्वयं उसका आकार और महिमा पा लेगा। साफ़ दिख गया है कि गद्य लिखने से कविता को नई ताक़त मिलती है अन्यथा अपना सारा वक्तव्य एक कविता में भरने से दोनों की हानि होती है। हमारे कई साथी आजकल यही कर रहे हैं। यदि मुझे अपने वक्तव्य को कविता के चौखटे में काटना पड़ेगा तो वह चौखटा छोड़ दूँगा लेकिन वक्तव्य को पुरानी चीनी नारी का पाँव न बनाऊँगा। पाब्लो नेरुदा और ज़ाफ़री को पढ़ने के बाद भी अभी नहीं लिखा कि कहीं उनका उपहास न हो उठे। हमेशा की तरह आज भी कविता को गँदला करने की अपेक्षा कविता न रचने का साहस है। साथियों के उपहास की उतनी चिन्ता नहीं जितनी आत्म-उपहास की—अपने लक्ष्य के प्रति उपहास की। यदि मनुष्य के क्षीण शरीर में अनुराग-रंजित धरती का रस खींच कर दे सका; उसकी मानसिक नीरसता में विविध सामाजिक सम्बन्धों की सरसता दे सका; यदि उसके असन्तोष को स्वस्थ संयम तथा दृढ़ता दे सका तो अतीत से निचोड़कर, वर्तमान से दुहकर, भविष्य को चीरकर देने की कोशिश करूँगा। इस संघर्ष में भले ही यह कवि टूट जाय-जाय!

काशी विश्वविद्यालय
6 जनवरी, '52

**—नामवर सिंह**

# कविताएँ

## चमको, चिर पथ के दावी

बुरा ज़माना, बुरा ज़माना, बुरा ज़माना
लेकिन मुझे ज़माने से कुछ भी तो शिकवा
नहीं, नहीं है दुख कि क्यों हुआ मेरा आना
ऐसे युग में जिसमें ऐसी ही बही हवा
गंध हो गई मानव की मानव को दुस्सह।
शिकवा मुझको है ज़रूर लेकिन वह तुमसे—
तुमसे जो मनुष्य होकर भी यों गुम-सुम से
पड़े कोसते हो बस अपने युग को रह रह
कोसेगा तुमको अतीत, कोसेगा भावी
वर्तमान के वेधा! बड़े भाग्य से तुमको
मानव जय का अन्तिम युद्ध मिला है, चमको
ओ सहस्र जन-पद-निर्मित चिर-पथ के दावी!

तोड़ आदि का वक्ष क्षुद्र तृण ने ललकारा
बद्ध गर्भ के अर्भक ने है तुम्हें पुकारा।

# धुँधुवाता अलाव

धुँधुवाता अलाव, चौतरफ़ा मोढ़ा मचिया
पड़े, गुड़गुड़ाते हुक्का कुछ खींच मिरजई
बाबा बोले लख अकास : 'अब मटर भी गई'
देखा सिर पर नीम फाँक में से कचपचिया
डबडबा गई सी, कँपति पत्तियाँ टहनियाँ
लपटों की आभा में तरु की उभरी छाया।
पकते गुड़ की गरम गंध ले सहसा आया
मीठा झोंका। 'आह, हो गई कैसी दुनिया
सिकमी पर दस गुना।' सुना फिर था वही गला
सबने गुपचुप गुना, किसी ने कुछ नहीं कहा
चूँ-चूँ बस कोल्हू की, लोहे से नहीं सहा
गया। चिलम फिर चढ़ी 'खैर, यह पूस तो चला'
पूरा वाक्य न हुआ कि आया खरतर झोंका
धधक उठा कौड़ा, पुआल में कुत्ता भोंका।

# त्रिशंकु

टप्पे गए, गया सिवान, ग्वैंड़े में ज्योंही
पाँव रखा कि गाँव की साँसों ने आ पहले
पूछा परस शरीर 'लाल, तुम रहे तो भले?'
दग्ध देह पर थी पहली वर्षा की फूही।
आर्द्रा की मनसायन मिट्टी ने सुवास से
साँस वास दी, दूनी छाती द्रुत पग लपका
चला कि 'बाबू कहाँ जायँगे?' स्वर आ टपका।
देखा : शिउ दादा ने चीन्हा भी न पास से।
हुआ नाम से 'बाबू', परदेशी घर में ही।
इसी चोट में बढ़ा कि दरवाजे पर 'भों भों'
अपना ही कुक्कुर न चीन्ह पाये, माँ, तब तो
तू फट जा, धस जाऊँ। यद्यपि किया अगेही
तूने ही, बेंचा नगरों में हटा कोख से।
तुम गरीयसी रहो, भले हम हों त्रिशंकु से।

# दूसरी जगह

'मुर्दा रखने की जगह' यही लिखकर पक्का
लाल चौतरा नगरपालिका ने जो बनवा
दिया है उसी पर लेटे मनुष्य को धक्का
दे कल मुर्दे ने हटा दिया, साथ ही कहा
'और दूसरी जगह नहीं क्या है तुम्हें, जहाँ
दखल जमाओ?' सुनकर भी ऐसे खड़ा रहा
ज्यों न हो जगा और बुदबुदाया 'नहीं न हाँ'
काँपा ऊपर गाछ हवा ने झोर कर कहा :
'ओ निघरे, निरन्न मानव क्या रहा न मुर्दा
यदि फिर से तू जी न सके तो हो जा मुर्दा।'

# पिता

देख रहा था तुम्हें दूर से क्योंकि अजनबी
हूँ; अख़बार माँगने पर ही तो अभी अभी
तुम भागी थी। किन्तु रोक पाया न वह दबी
हौंस हृदय की जब से देखा तुमको, पुतली,
तन्द्रा की बाहों में धीरे धीरे गिरती
पलकें स्वप्न भरीं सी, मुट्ठी से छुटती सी
वह सुग्गी मुँहलगी और तुम पर पड़ती सी
गोल गोख से जोन्ह, लगा जैसे तुम तिरती
थी परात के पानी में, उठ आया चुपके
झुका कि देखा : युद्ध की खबर के कागद को
फाड़ चींथ तुम टुकड़ों पर चुपचाप गई सो।
मुख पर चलते विविध भाव, बँधते कर उठके
वक्ष चीर कर रख लूँ तुमको किन्तु डर यही
'पिता पिता' कह जगो और यह मिले अजनबी!

## बड़भागी

कितनी ख़ुशी हुई थी, कर्ता, तुमने जिस दिन
मुँह चीरा फिर कहा कि बड़भागी तू इससे
देवस्पर्धी अमृत पिएगा मातृवक्ष से;
भरे रहेंगे अधरों में मोती के चुम्बन,
यही नहीं ऐसे ही कई सुखों से बढ़कर
स्वर उठाएगा इससे ही जड़-चेतन-मोहन
अखिल अर्थ को वाक् से करेगा तू चेतन'
और एक थैली दे कहा 'इसी में भरकर
रखना वह सब।' देव, भर गया, लो, यह झोरा
मुँह तो चीरा किन्तु क्यों दिया सुई न डोरा?

# माई

'पूत तुम्हीं, हम पचे ईंट पत्थर व्याती हैं?'
कहा दुलरवा की माई ने सहुआइन से
जब बच्चों के झगड़े में सटकती कहन से
ले बच्चे का पक्ष दुलरवा की छाती में
मार दिया था सहुआइन ने, पर जवाब से
लाल हो उठीं, तड़पीं 'तू चमार होकर भी
लड़ा, रही ऐसे जबान; कुछ पता है अभी
कितना लहना पड़ा? पूछ अपने भतार से।'
माँ की कोख अँवा-सी धधकी और सिंहनी
ओठ चबाती थी जो, कोड़ा खाकर झपटी
अपने ही दुलार पर, साटें क्षण में डपटीं
ले जा इसे राँध या पी जा रुधिर डंकिनी।'

'खेलत काको कौन गोसैंया' के ओ गायक
यही देखता रहूँ और क्या बनूँ न सायक!

# डीह तुम्हारा

'डीह तुम्हारा है, बिटिया तो चीज़ पराई
होती है,' कह माँ ने उस दिन आँसू पोंछे
थे मेरे, अपने सनेह-आँचल के कोंछे
जब तुम से थी खेल-खेल में हुई लड़ाई।
'बिटिया तो हो तुम्हीं' अन्त में कह तू भागी
अश्रु बन गई बहिन, आज वह हँसी पुरानी
जब खिड़की के बाहर दिखी भूमि वह धानी
नगर लग्न गाँवों की; तालों में बड़भागी
खेल रहे लड़के जवान बुड्ढे फुहियों में
सींग उठाये बैल बूँद लेते खुश हो के
आते हैं रह रह रोपनी के स्वर के झोंके
कुछ देखा प्रत्यक्ष, और सब तो स्मृतियों में।

छठे छमासे तुम घर हो आती, मैं भाई।
किसका है वह डीह! कौन है चीज़ पराई!

# आज तुम्हारा जन्मदिवस

आज तुम्हारा जन्मदिवस, यूँ ही यह संध्या
भी चली गई, किन्तु अभागा मैं न जा सका
समुख तुम्हारे और नदी तट भटका भटका
कभी देखता हाथ, कभी लेखनी अबन्ध्या।

पार हाट, शायद मेला, रँग रँग गुब्बारे
उठते लघु-लघु हाथ, सीटियाँ, शिशु सजे-धजे
मचल रहे...सोचूँ कि अचानक दूर छः बजे।
पथ, इमली में भरा व्योम, आ बैठे तारे
'सेवा-उपवन', पुष्पभिन्न गंधवह आ लगा
मस्तक कंकड़ भरा किसी ने ज्यों हिला दिया।

हर सुन्दर को देख सोचता क्यों मिला हिया
यदि उससे वंचित रह जाता तुम्हीं-सा सगा।

क्षमा मत करो वत्स, आ गया दिन ही ऐसा
आँख खोलती कलियाँ भी कहती हैं पैसा।

## धूप धरा पर

धमनी सी धड़कती नदी उन्मादिनी
नीलम जल से उठती भाप सुहावनी
जौ की बालों के उद्भासित टूँड़ पर
पार उषा की बिंदी उगी सुहासिनी
शिशु की आँखों से नीलोज्वल व्योम में
सरिता के उजले नीले दृग व्योम में
टूट रही धुएँ की पतली लीक-सी
धूप धरा पर जल-सी बढ़ती आ रही
आँखों में जाने कैसी है भीख-सी।

## पीठिका में

पीठिका में
उठती हुई सिम्फनी
सिन्धु-सी रोशनी
कक्ष का दोलना

डूबना डूबना डूबना
दृष्टि में
नीलिमा नीलिमा नीलिमा घोलना।

देह को चालती-सी नसों का
किसी चेतना में
कृमि-कीट सा डोलना।

वक्ष में मौन से प्यार का
देह में
वस्त्र का नित्य नया मुँह खोलना।

## विजन गिरि पथ पर

विजन गिरि पथ पर चटखती पत्तियों का लास
हृदय में निर्जल नदी के पत्थरों का हास
'लौट आ, घर लौट' गेही की कहीं आवाज़
भींगते से वस्त्र शायद छू गया वातास।

## दहकता चाँद

ठूँठ
चकवे की अधखुली
चोंच-सी दो कैंचियाँ
जिनमें भरा पूरा दहकता चाँद।
बिछुड़ने के पूर्व
हाथों में दबाये
मैं तुम्हारे करतलों का
मूक तप्त प्रणाम।
झूठ हो जाये
सभी कुछ
प्यार
मैं
तुम
किन्तु इतना तो रहेगा याद
ठूँठ
चकवे की अधखुली
चोंच सी दो कैंचियाँ
जिनमें भरा पूरा दहकता चाँद!

## नीम की गंध

ईख के हास
पयोद के खंड
अलाव के धूम
घुली अमराइयाँ
मीकते मेमने
टूटती पत्तियाँ
काँपती-सी नभ की गहराइयाँ
नीम की गंध घुली घुली साँझ
नशीली व्यथा से भरी जमुहाइयाँ।
सूनी सफेद डरी हुई नीरव
भीतियों ने निगली परछाइयाँ।

## जम गई सी रात

जम गई सी रात, तम, थम-सी गई बरसात
बिजलियों के तार अँटकी सीकरों की पाँत
बात मन की घुमड़ती जैसे चबाई वात
छाँह चलती कभी आगे, कभी पीछे, साथ
हुई सहसा छाँह दो, दृग मुड़े पीछे, आह
रोशनी हँस उठी, फड़के पंख, खड़के पात।

## फागुनी साँझ

फागुनी साँझ
अँगूरी उजास
बतास में जंगली गंध का डूबना।
ऐंठती पीर में
दूर,
बराह से जंगलों के सुनसान का कूँथना।
बेघर बेपहचान
दो राहियों का
नतशीश—न देखना, पूछना।
शाल की पंक्तियों वाली
निचाट-सी
राह पै घूमना घूमना घूमना।

# पारदर्शी तिमिर

पारदर्शी तिमिर में दो छाँह से हम
बीच में हँसता कुहेसी मौन।
लग रहे कैसे सुदूर निगाह में हम
पूछता जाने न मेरा कौन?
देख यह क्षण भी गया अनबोले ही
ओठ पर काँपा : 'कहो कुछ और'
डीठ मिलने से प्रथम की कौंध वह
स्वयं को ही ज्यों पकड़ ले चोर।

# औ पूर्णिमा

पार्श्व में युग्म बुरुँस
शरारती, हाथ में
वेणी का गूँथना-छोड़ना।
पूछी हुई हर बात पै
दीठ चुरा चुरा
मेदुर दूब निखोरना।
डाल पै पूछता पाखी :
'कहाँ गया
टूटते गीत में गीत का जोड़ना?'

शेष है :
गीत की आखिरी पंक्ति
औ पूर्णिमा का अब पंथ अगोरना।

# पारदर्शी नील जल में

पारदर्शी नील जल में सिहरते शैवाल
चाँद था, हम थे, हिला तुमने दिया भर ताल
क्या पता था, किन्तु, प्यासे को मिलेंगे आज
दूर ओठों से, दृगों में, सम्पुटित दो नाल।

# विदा

दौड़ रही 'तूफ़ान' चीखती झक झक झक झक
गहन तिमिर में, देख रहा खिड़की के बाहर
पार्श्वनाथ की पहाड़ियों पर लक लक लक लक
झलक रही, उठती दवाग कुछ कुछ अन्तर पर
निशि गहरा कर और दृष्टि में भर दुहरापन
तुरत तुरत बीती संध्या आ गई लौटकर;
आई ट्रेन, साथ डग भरते बढ़ना तत्क्षण;
साथ बैठना, बोध सहपथिक का जैसे भर;
सहसा कहना 'विदा', रुमालों का फिर हिलना
पकड़ पकड़ छूटते 'न-कुछ' को दृग का थकना
'कहाँ जायँगे?', 'क्या करते?' प्रश्नों से मिलना
भीतर कभी, कभी बाहर का शून्य निरखना।
पार्श्वनाथ गिरि पर दवाग की लक लक लक लक
दौड़ रही तूफ़ान हृदय सी धक धक धक धक।

# साँझ

साँझ
समाधियाँ काली सफेद
मिटे मिटे लेख का वाँचना घूमना।
बेतरतीब उगे हुए
जंगली घास के फूल का सूँघना टूँगना।
और अचानक
देखना एक का दूसरे को
फिर मौन में डूबना।
गंध लदे सुनसान पै दूर
किसी पिक का बस कूकना कूकना।

# भीड़

साँझ, जनसंकुल प्रहर, बहता हुआ फुटपाथ
दिखा सहसा : अपरिचित से चल रहे हम साथ
कब अकेला-सा हुआ, इतना नहीं कुछ याद
आह परिचय में कहाँ उस अपरिचय का स्वाद

खड़ा आपाहीन सड़क तरंगिणी के तीर
भीड़, केवल भीड़, तुमको चाहिए बस भीड़।

## आसमान

उग गई मृगशिरा नदी-पार के पेड़ों पर
संध्या के उदसे पूरब को कर आसमान
संगी हैं, साथी हैं, पुस्तक भी तो लेकिन
क्यों भरे भरे मन को भाता है आसमान
खिड़की का नहीं, बल्कि सरिता या सागर के
ऊपर का तारों भरा रुपहला आसमान।

आँखों में पिघल-पिघल चुप-चाप बह-सा आता
उन दूर देश के तारों का नीला प्रकाश
तन की सीमा को तोड़ घुँटे मन के विचार
पल में ही भूमामय हो जाते अनायास
यह मन महान, मानव महान, कितना कितना
उसकी सीमा है क्या असीम वह आसमान
आश्रय है आसमान मेरे दुखिया मन का
आखिर तो है मेरी धरती का आसमान।

## मृणाल की राखी

श्रावणी का पुतली-सा शशी
शशी में दिखी दोलती झील की झाँकी
झील की नीलिमा में कुईं-सी
खुलती हुई रात—
सनेह की साखी।
और यह हाथ
किसी लजे हाथ में
आगे बढ़ें कि चिहा उठे पाखी
छूँछ से हाथ पै हाथ हँसा
'अजी देखो उगी है मृणाल की राखी।'

## व्योम

बर्फ की प्यूनियों से ढँके व्योम से
दुग्ध आलोक झरता चला जा रहा।
पंथ चढ़ता चला जा रहा और
हर मोड़ पर अन्त खुलता चला जा रहा।
वृक्ष की पंक्तियों से खुलते हुए
बाहुओं में बढ़ता चला जा रहा।
'और आ, और आ, और आ' कौन
न जाने कहाँ कहता चला जा रहा।

## पदचाप

खोल पुस्तक शीश रख तुम सो गई चुपचाप
मोमबत्ती पास ही गल गल रही है काँप
भीति पर आलोक का लघु वृत्त, छायाचित्र
चोर पग इस भोर की रुक-सी गई पदचाप।

# पंथ में साँझ

पंथ में साँझ
पहाड़ियाँ ऊपर
पीछे अँके झरने का पुकारना।
सीकरों की मेहराब की छाँव में
छूटे हुए कुछ का हुनकारना।
एक ही धार में डूबते
दो मनों का टकराकर
दीठ निवारना।
याद है : चूड़ी के टूक से चाँद पै
तैरती आँख में आँख का ढारना?

## अमलतास

पत्रों, पुष्पों से भरा पेड़ सुन्दर होगा
लेकिन तुमने फागुन की गैरिक संध्या में
देखा न गगन पर ऊर्णनाभ सा अमलतास।
निष्पत्र निखग निर्वात अकेला अमलतास।

पेड़ों की पाँतों में द्वाभा को खोल रहा
धीरे-धीरे यह पंथ अर्द्ध वर्तुलाकार।
उखड़ी-उखड़ी टूटती नसों के लोहू-सी
कुछ गरम गरम बेसुध बेसुध बहती बयार
पी गया न जाने डूब डूब कितना कितना
इस अँकुआई फागुनी चाँदनी का प्रकाश
यह सब सुन्दर, सुन्दरतम भी होगा शायद
लेकिन जाने कैसा कैसा था अमलतास!

# क्षण-क्षण

'ललित लवंग लता परिशीलन'...गीत की कड़ी
सुबह-सुबह से ही ओठों में आज आ बसी
है जो नित के कामकाज में अन्तराल सी
निकल निकल पड़ती अनचाहे घड़ी हर घड़ी।

'दो दो चार, सात ग्यारह-ग्यारह दो तेरह
तियाँ बयालिस नहीं नहीं उन्तालिस' की वह
अहरह रटना चुकी; शाम पथ कटहल मँहमँह
वही गीत फिर : 'सरस बसंते विहरति हरिरिह
हरिरिह हरिरिह' आवृत्ति की एक स्वर व्यर्थता
से मन ऊबा; लगा कि हर दिन ही यही हुआ
करता है, शायद, जिसका मुझको नहीं पता।
दूरी पर कर उठे स्यार सहसा हुँ आँ हुँ आँ।

शब्द करेंगे क्या रहकर, जब अपना जीवन
अर्थतत्त्व-सा उनमें गूँज न भरता क्षण क्षण।

# रेल की भोर

रेल की भोर
खुली हुई पत्रिका
दृष्टि में दृश्य अदृश्य का दौड़ना।
डूबते से श्रुतिमूल के पास
अयानी उसाँस की भाप का छोड़ना।
दृष्टियों का द्रुतदान
अचीन्हे हुए सहपाठ के मौन का जोड़ना।
शेष है :
राह
पढ़ी हुई पत्रिका
यात्रिका रेल का औ' झकझोरना।

# कोजागर

कोजागर
दीठियों की डोर-खिंचा
(ऊगते से) इन्दु का अकासदीप दोल चढ़ा जा रहा।
गोरोचनी जोन्ह पिघली सी
बालुका का तट, आह, चन्द्रकान्त मणि सा पसीज-सा रहा
साथ हम
नख से विलेखते अदेखते से
मौन अलगाव के प्रथम का बढ़ा आ रहा।
अरथ-उदास लोचनों में नदी का उजास
टूटता, अकास में, कपास-मेघ जा रहा।
नीर हटता सा
क्लिन्न तीर फटता सा गिरा
किन्तु मूढ़ हियरा, तुझे क्या हुआ जा रहा।

## हरित फौव्वारे सरीखे धान

हरित फौव्वारों सरीखे धान
हाशिए सी विन्ध्य मालाएँ
नम्र कंधे पर झुकी तुम प्राण
सप्तपर्णी केश फैलाए
जोत का जल पोंछती सी छाँह
धूप में रह रह उभर आए
स्वप्न के चिंथड़े नयन-तल आह,
इस तरह क्या पोंछते जाएँ।

# पुरखों का यह डीह

पाँव जड़ गए जब मैंने देखा हल चलते
पुरखों की उस छाती पर जिसको मैंने ही
इसी हाथ से बेचा था फिर बना अगेही
सरस्वती के लिए; फूल चाँदी के खिलते
कीना। सोचा था वर मिलते ही भर दूँगा
किन्तु पितृघाती की हत्या लगी धजा ले
रिक्त हस्त मैं देख रहा; बधिकों के पाले
पड़ी हुई तू। 'तुम्हें मुक्त ही मैं देखूँगा'
यही कहा था। याद आ रहा पिता का कहा :
'पुरखों' का यह डीह जलाना यहाँ तू दीया
यदि विदेश में भी होंगे तो कहेगा हिया :
'ठाँव पाँव रखने को तो है!' अब कहाँ रहा!
टाट भारती ने उलटा : अब बोलो जैसा
कृषिविज्ञान उगाये किस मिट्टी में पैसा!

## श्मशान

झलकता रूपहले से पुल का तोरण नभ पर
गंगा में ज्योति-लताएँ शत-शत कम्पमान
शिशु के दृग से नीले जल को कर लाल
जल उठा अचानक ही मणिकणिका का श्मशान
तट के तिमंजिले की स्वर लहरी में डूबा
मिटती सिन्दूर की रेखा-सा वह दूज चाँद
सरिता का वक्ष फफोले-सा उठकर क्षण में
फिर बैठ गया ऐसे कि मुझे हो भी न मान।

## उनये उनये भादरे

उनये उनये भादरे
बरखा की जल चादरें
फूल दीप से जले
कि झुरती पुरवैया सी याद रे
मन कूएँ के कोहरे-सा रवि डूबे के बाद रे!
भादरे।

उठे बगूले घास में
चढ़ता रंग बतास में
हरी हो रही धूप
नशे सी चढ़ती झुके अकास में
तिरती हैं परछाइयाँ सीने के भींगे चास में!
घास में!

# बेला

तूलिका के खिंचे मेघ में
धूप के धान से
दूज के चाँद की बेला।
केश के नीलम निर्झर में
बहते हुए बेसुध याद की बेला
आँख में कौंध सी आई हुई
सहसा पहचान के बाद की बेला!
भींगती भू से उठी हुई गंध में
डूबते से अवसाद की बेला।

# काल-वैशाखी की फुहार

काल-वैशाखी की फुहार
नहीं, धारासार
सामने सँपोला पंथ वनराजि में दुरा।
झीनी जलझालरों में उघरे ढँके से हम
साथ-साथ भींगने के भाव से हिया हरा।
वचनविहीन भावहीन बोधक्षीण मन
देखता चरणचिह्न आँखों सा भरा भरा।
जाने कहाँ भींगते हैं
मौन मेंहदी के फूल
सौरभ की डोरियाँ ज्यों हो गईं शिरा शिरा।
पानी सी हवा में
मछली से चलदल के दल
छटपटा रहे तो, प्राण, तेरा क्या वहाँ धरा।
धूप क्षण
धूप से अमलतास-गाछ तले
देखी वो कुँआरी दीठ
देखा फिर दौंगरा!

# न आना

आधा सुना सा
कटा हुआ गीत
रुकी हुई गूँज : 'न आना, न आना'!
झेंप की धूप-छाँ का मुखड़ा
पिघले हुए माखनी डेल दुराना।
बातें
यहाँ वहाँ सारे जहाँ की
विदा की घड़ी हँसी का बढ़ जाना।
छोड़ के पांथ को पंथ पै
पीछे
नये सिरे से वही गीत उठाना।

शाम का आखिरी
आखिरी शाम का
शाम का...या शमशेर का गाना।

# इकहरे बादल

इकहरे बादल
झनकती रात
रात के भीतर उभरती रात सी
परिचित अपरिचित पादपों की पाँत।
स्पष्ट अनमिल से
तनों की फाँक के उस पार
चमकता है
शशि-घुला निःसीम-कल्प खुला खुला-सा ताल।
डर,
कहीं इस अमित दूरी में न भर आए छलकता प्यार।

## चाँद पथ

चाँद, पथ, छिट-फुट विटप, तन धूपछाँहीं बौर
चल रुके हम गाछ-तल, टूटे सपन सा मोड़
छोड़कर कबका जुड़ा तुमने लिया कर जोड़
चिहुँकते पाखी, ठिठकते फूल, हँसती लोर
लिपटती डग में डगर, यह डीठियों की डोर
बिछुड़ते रह जायँ हम चित्रित निरखते छोर।

## सिन्धु का तीर

सिन्धु का तीर
पिसी पिसी बालुका
लेटना तोपना भागना खींचना।
नाम का आँकना मेटना
'हूँ टूँ' बिगाड़
औ' आँख से आँख का मींचना
साँझ
'ले राह'
'कहाँ? गृहहीन'
'वही हम'
गोद में शीश का भींजना
पूर्णिमा पूर्णिमा पूर्णिमा
बालुका बालुका बालुका
आह पसीजना।

# कहीं न कहीं इसे देखा है

कहीं न कहीं इसे देखा है ऐसा लगता
जब कोई सुन्दर इन आँखों में आ ढलता
जननान्तर सौहृद सा नस नस बीच उमगता
प्रश्न किन्तु हर बार यही भरता विह्वलता :
युग युग की चिर संचित छवि छवि की मानवता
व्यक्ति व्यक्ति के बहिरन्तर में पाती नवता।

## अनमना मन

अनमना, नम दिन, उलटता पुस्तकें खासी
मिला सहसा एक पन्ना पत्र का बासी
पथ, घिरौंदा, अधमिटा, संध्या कि स्मृति टूटी
तिर गई उस पृष्ठ पर ज्यों एक छाया सी
चंचु में विसतंतु, जोड़ा एक हंसों का
उड़ गया कहता हुआ 'ओ रामगिरिवासी!'

# माघ की कह्लार

माघ की कह्लार—शीत बयार
फड़फड़ाते सामने के पृष्ठ
पीछे मंद मंद किवार
ग्रंथ धुनता शीश
पर तू खड़कता रह ओ अधखुले द्वार बारम्बार।

# ओ प्रीतम प्यारा

कोयले की दीवार चतुर्दिक ऊपर नीचे
बाएँ दाएँ, आँखों में चुभता अँधियारा
कहीं कहीं बत्तियाँ मिचमिचाती पल मींचे
हो हैय्या हुम् हुमुक धड़क धम से गलियारा
गूँजा सारा। भरी ट्रालियाँ, धड़ धड़ दौड़ीं
और सम्मिलित स्वर गूँजा : 'ओ प्रीतम प्यारा'
बजे बेलचे गेंती, उमँगी छाती चौड़ी
गीत के दिये सा जल उठा मलकरा हारा
और फिर उठा गेंती काली चट्टानों के
सम्मुख श्रम का पुत्र खड़ा चोटें पर चोटें
करता है, चिनगियाँ छिटकतीं; ज्यों खुश हो के
प्रकृति मुस्कराती है मानव के उन जोटे
हाथों पर कवित्वमय द्युति से; मन ने पाया
अखिल काव्य का कोष, धरा ने स्वयं लुटाया।

# हरी लाल बत्तियाँ

हरी लाल बत्तियाँ, सुना फिर कुछ कुछ गर्रा
'हवाबाज है' कह कर मुन्ना को दिखा दिया
किन्तु गोद में दुबक और कुछ स्वर को भर्रा
मुन्ना बोला 'युद्ध क्या नया शुरू हो गया?'
'नहीं नहीं' कह परबोधा लेकिन मन सिहरा
'ऐटम बम कैसा होता है?' प्रश्न फिर हुआ।
'अंडा जैसा' कह टाला कि स्वर वही दुहरा
दूर डाल पर चीख उठा शायद कहीं सुआ।

मैं मनुष्य हूँ, क्या समझूँ तिर्यक का टर्रा
हरी लाल बत्तियाँ, सुना फिर कुछ कुछ गर्रा।

## जनता है देवता

जनता है देवता, स्वर्ग तो धरा स्वर्ग है
प्रथम पंक्ति सी सॉनेट की कवि जी को सहसा
मिली, क़लम ले बैठ गए, तुक को जी रहसा।
पर कमबख़्त स्वर्ग का तुक बस एक वर्ग है
जिसको लिखना? उँह कैसे यह नहीं है कला?
लिखा और आगे गाँवों की प्राकृतिक छटा
चना मटर अमराई महुआ नीम को अँटा
किसी तरह निबटे कि दिखा पथ पर गला गला
चन्दर चिट्‌ठीरसा भेस में, साथ था पढ़ा
प्रथम जो सदा आया चिट्‌ठी दे चला गया
पढ़ा : लिली का उपालम्भ मृदु; नगर में हिया
उड़ा; पद्य रचना में मन कुछ भी नहीं बढ़ा
गीत सिनेमा का आया कि नीम पर कागा
बोल उठा, कवि का मन कल्प स्वर्ग से भागा।

## मन

तन किसी का हो भले मन तो तुम्हारा है
सोचता हूँ आज कितना लफ़्ज़ प्यारा है
कील-सा ठुकता गजर : दो और दो फिर एक
'मन कहाँ होता अजी, तन ही हमारा है!'

# घास टीलों सी

शाम का सादा बदरफट घाम
उठती घास टीलों सी
धान की ये क्यारियाँ, दृग में, तुम्हारी
आँख झीलों सी
उकसती परछाइयाँ मन में रही चुभ
आह कीलों सी।
घास टीलों सी।

## पुस्तक-पकी आँखें

भटकती पुस्तक-पकी आँखें ओसारे पार
नाप डाला कक्ष कदमों से हजारों बार
एक हफ्ते की शुरू पतरा गई बरसात
किन्तु पथ पर दिखे तुम से ही पथिक दो चार।

## विहँसता तोरण

अटपटी बातें
नदी की साँझ
कुटकी दूब की वह अनमनी सी मार
की सीत्कार।
सहसा किरन ने
फोकस दिया उस पार
बिजली सा दिखा
स्वर-ताग में पल्लव सरीखे
पंछियों का सुभग बन्दनवार
सूची मेघ घन के द्वार!
दीठ मुड़ने से प्रथम ही
झुक गया मुझ पर तुम्हारे बाहुओं का
विहँसता तोरण प्रतीक्षण हार।

## दिन ढला

दिन ढला, सिर पर विहग आए गए आए
तरु गवाक्षों में भरा तम, नयन करुवाये
कहा जाते दिवस ने मुड़ विहँस आँखों में
हम नहीं वह जो कि कहकर भी नहीं आए।

# नया घोषणा-पत्र

'नया घोषणापत्र मनुज के अधिकारों का
लिखा जाएगा
इसी वक्ष पर'
कहा घूर पर पड़े हुए कागद के टुकड़े ने
जब उसको तोड़ मोड़कर
लगा फेंकने।
ज्ञात नहीं
किन-किन हाथों से यहाँ आ पड़ा :
किसी छात्र की कापी से बिछुड़ा
या किसी दुखी प्रणयी के पत्र से कटा
या पंसारी की दुकान से
बाँध मसाले गया किसी घर
और व्यर्थ होकर फिर फेंका गया यहाँ पर।
आँधी तूफ़ानों में उड़ता
जाने कितने घूर और कूड़ों पर रमता आया होगा
शायद हो कल्पना मात्र ही;
रहे।
किन्तु जो सुनी चुनौती आज
सत्य है
कागद के हर टुकड़े पर

नूतन किरनों से
नया घोषणापत्र मनुज के अधिकारों का
लिखा जाएगा
लिखा जाएगा।

## जलता हृदय

'नाम कलि-आधार' यह कह गए तुलसीदास
क्यों न जनता का जपो तुम नाम बारहमास
शब्द आँसू आह : अभिनेता नहीं विश्वास
सूर्य सा जलता हृदय क्या है तुम्हारे पास?

# घन का गिरि

घन का गिरि, शिखर स्थित रवि
यह सरि-वेला!
वन-उपवन सुरभि सजग
मलय वलय बेला!

कनक मेखला-मण्डित
सहस जलद शिखर असित
तरु तरु पर किरन नमित
रंजित खग मेला?

क्षितिज लग्न नव जलधर
हंस के उगे ज्यों पर
घन की सित लहर लहर
सैकतोर्मि—रेला!

कुहर गंध अंध पवन
वाष्प-धुंध उर दर्पण
ईख-हास पर सुबरन
किरन ने उँडेला!

शुभ, तब मुखड़ा सुन्दर
दृग में जाता ज्यों तर
मन्द मन्द त्यों सरि पर
तिरता वह भेला!

खड़ा खड़ा सरि-तट पर
रोता महुआ झर झर
पी रहा नयन में भर
मैं तुम्हें अकेला!

जनवरी, 1947

## बसन्त के प्रति

जीवन सागर के वीर तुम्हीं
वो बनकर रूप-किरण आवे।
बुदबुद सी उमड़ चली कलियाँ
कलियों पर अलियों की गुनगुन
मलयज के चरण हिले हलके
मच गई गगन-बन में रुनझुन
नभ की वंशी के रन्ध्रो में
तुम नीरव स्वर बने लहराये!
उमड़ा सागर मधुर-ज्वार लिये
झुक गया गगन भी प्यार लिये
लहरें मचली मचले तारे
नयनों में दो संसार लिये
प्राणों की मौन पुकारों पर
तुम इन्द्रधनुष बनकर छाये!
सौरभ के नभ में उमड़ चली
अलियों की श्यामल सी बदली
धरती पर मधु रस बरस रहा
कलियों की चमक रही बिजली
फागुन में बन मधुमय सावन
प्राणों से मधुरस छलकावे!

पलकों में छिपा-छिपा सपने
मैं खोल रहा निज पँखुरियाँ
साँसों के सुघर निकुंजों में
है खेल रही घर की परियाँ
दुनिया के मदिर नयन भौंरे
मधु अन्ध रह गये मडराये!
उर का अनुराग न छिपा सकी
हो गई लाल डाली-डाली
चिर व्यथा जगत की कूक रही
दुनिया कहती कोयल काली
तन भीग न पाया, मन भीगा
किसने ऐसे रस बरसाये!
दिन में ही जला रही सरसों
पागल प्राणों के खिले दीये
जिनकी लौ लौ में मचल रहा
धरती का डर अनुराग लिये
इस बासन्ती दीवाली में
तम के भी दीपक मुसकाये!
जीवन के प्यासे अधरों को
यौवन ने दिये मधुर चुम्बन
बन्दी सुख-दुख की बाँहों में
जीवन के खुले-खुले बन्धन
बन्धन से मिली मुक्ति प्यारी
कण-कण में मधु गायन गाये

मार्च, 1945

# नयन घनों से भर आए

सुरमई घनों के पार मूँगिया गिरि छाए।
देखते देखते नयन घनों से भर आए।

लघु खेत वीचियों से घाटी में लहराते
घन दुग्ध धवल फेनों से जैसे उतराते
मन डूब रहा पर तन जग में ज्यों उतराए।

शत शैल फूल शिखि पुच्छ-नयन से खुले खुले
ढलते दिन का आतप पीते बेहिले डुले
मेरे आतप! ये नयन तुम्हें पी मुसकाए।

ऊपर घन, नीचे धूप छाँह की कँपाकँपी
घाटियों के बीच निशिदिन खेले ज्यों लुकाछिपी
ओ ज्योति, छाँह सा मन इस बेला ललचाए।

छन रही धूप कम्पित तरुओं से चपल चपल
ज्यों हरसिंगार के फूल झर रहे धवल धवल
मन पर किसने सुधि के प्रसून से बिखराए।

अप्रैल, 1947

## खंजन

घन गए, गया दुर्दिन, आए
तेरे ये अश्रुभीरु खंजन।
मंजुल अंजन-रंजित खंजन।

झर गए धान के धवल फूल
भर गई दूध से नव बाली
ले पिंग बालियों की, माला
हिल रही हृदय की हरियाली

गिर पड़ी आह नभ से स्त्रज सी
उन खिले खंजनों की अवली
उर पर तेरी वह पहनाई
नयनों की एकावली हिली

बिखरा उदास सा कास हास
रह गई दूब पीकर शबनम
स्वर्णिम परागमय आर्द्र धूप
पी रहे अधखुले वातायन।

पीले बालातप की सरसी
शरमाई आँखों सी थर-थर
झर रहे पेड़ की फाँकों से
स्थल पदमों पर कंचन निर्झर

देखता देखता मैं इनको
बन गया स्वप्न का शीशमहल
तुम दीनशिखा सी प्रतिबिम्बित
जल रही प्राण भर मचल मचल

हलकी हिलोरे ले उठी हवा
झिंप गई ज्योति खुल गए नयन
पड़ गई रजत घन में मन में
मीठी-सी कही कही सिकुड़न!

उड़ गए तितलियों से सनकें
वे स्वर्णफुल कुछ दिन रहकर
उड़ गया गूँज सा छोड़ मुझे
वह प्यास-विहग 'पी' 'पी' कहकर

पानी में जगा जगा ज्वाला
उड़ गई सिंदुरी साँझ कहीं
रह रह मन में उठने वाली
साँवली घटाएँ आज नहीं

आ गया गुलाबी दिन, लेकिन
देता है चुभा चुभा सुधियाँ
निशि में भी नयनों में आकर
फुदकते तुम्हारे वे खंजन।

सितम्बर, 1948

## बादल

पुरवैया के हिलकोरों से
क्यों इतना इठलाता बादल?
मस्ती के आलम में किस पर
घुमड़-घुमड़ घिर जाता बादल?

अन्तर में ग्रीष्म जलता
आँखों में उमड़ा सा सावन
नन्हे से जीवन में उठकर
आज हिलोरें लेता यौवन
जिसमें खेल रहा चपला सा
एक लकीर लिए अपनापन
अपनी क्रीड़ा से भर देता
सूने नभ-उर का सूनापन

देख तुम्हें कुछ पास हृदय के
धुँधला-सा छा जाता बादल?

मुँदते सरसिज-रवि पर पागल
अलिदल-से बादल मड़राए
छलकाते से उर का मधुरस

किरन-पँखुरियों पर घिर आए
घुँघराली घन सी अलकों पर
किसके हृदय नहीं लहराए
अधरों पर तड़पन, आँसू बन
बन्द अँखड़ियों में तुम छाए

क्यों अपनी बूँदों के तारों पर
रोकर गा जाता बादल?

पल पल मरने ही मिटने में
बिता दिया यह भारी जवानी
बन्धन में प्राचीर पवन के
उम्र कटी, खो गई रवानी
रह रह उमड़-उमड़ आती क्यों
उर में भूली बात पुरानी
दिल का राज छिपाकर तूने
ज्वालामुखी रचा अभिमानी

क्यों जल-जल, घुल-घुल, रो-रोकर
तड़प-तड़प रह जाता बादल?

ऊँघ रही भींगी पलकों में
मधुमय स्वप्न लिए अँधियारी
जुगनू के अंगार कुसुम से
सजा-सजा नभ की फुलवारी
पवन करों से सहला भू के
घावों को भर दिया अनारी
और धरा की पुलकन में
दो बाँध नशीली नींद-खुमारी

फिर क्यों टूटे जलतारों पर
रुँधे कंठ से गाता बादल?

मँह-मँह फूलों के सौरभ में
उड़ जाती है भ्रमर-कहानी
रह-रह सो जाते श्यामल खेतों
पर घन-दुनिया दीवानी
अहरह जीवन के सागर में
उड़ते हैं बुदबुद तूफ़ानी

लहलह लहराती घासों पर
छम-छम नाच रहा है पानी

भार लिए अम्बर का द्रुत
पंखों पर उतरा आता बादल?
पुरवैया के हिलकोरों में
क्यों इतना इठलाता बादल?

क्षत्रिय मित्र, सितम्बर 1943

# राजर्षि

युग की बीन के ओ तार!
तिमिर-सर में बन्द दृग थे
प्राण के शतदल हमारे
अधर में बन्दी उषा
थे नयन में नीले सितारे
तुम तिमिर के क्रोड़ में फूटे किरन उद्‌गार!

डाल पर जग के विहग हम
बोलने भी न थे पाये
चेतना के पंख अपने
खोलने भी न थे पाए
किन्तु तुमने किया विद्युत-चेतना संचार!

सिन्धु थी, देवापगा थी
किन्तु था न प्रवाह उनमें
हिन्द था, हम थे, न थी पर
वह दहकती दाह हममें
पर उठा तुमने दिया उर-सिन्धु में वह ज्वार!

बाँह दी, मृदु छाँह दी
सबसे अधिक दी ज्ञान-आँखें

व्योम-विद्या का दिया
पर साथ ही दी सबल पाँखें
शक्ति दो, जो खोल दें अब बन्द युग के द्वार!

क्षत्रिय मित्र, सितम्बर 1945

# तुम हो जवान

ओ नौजवान, तुम जवान हो, जवान हो
पथ पर न रुके जो स्वतंत्र वह समीर हो
जिनकी ज्वलन्त साँस आँधियाँ अधीर हो
इस विश्व की कमान पर जवान तीर हो।
तुम लक्ष्य साध जुल्म का शरीर बेध दो।
ओ नौजवान, तुम जवान हो, जवान हो।
तकदीर की लकीर पर न तुम चला करो
तदबीर के प्रदीप में सदा जला करो
कर से मलो विपत्तियाँ न कर मला करो
तस्वीर विश्व की बदल नया स्वरूप दो।
माँ के सपूत क्रान्तिदूत तुम महान हो।
तेरी जवानियाँ न हैं कुसुम छुई-मुई
दरिया रवानियाँ न लहर में बँधी हुई
छाती न तुम्हारी जवान ढेर की रुई
तब व्योम में अचल घनान्धकार से भिड़ो
इस तिमिर रात के तुम्हीं अरुण विहान हो!
ओ मेघ, तुम अपार दुन्दु बाँधकर उठो
ओ चाँद, साँझ की ज्वलन्त आग पर उठो
फुफकारते हुए ब्रजेश नाग पर उठो
मृतप्राय विश्व के अमोघ त्राण के लिए

तुम प्राणदान दो, जवान प्राणदान दो
युग का प्रवाह क्रान्ति-सिन्धु ओर मोड़ दो
यह वर्ण-शृंखला दलित मनुष्य तोड़ दो
शिव-मुंडमाल में न एक शीश जोड़ दो
इस सूखते महान विश्व वृक्ष के लिए
तुम रक्त दान दो, जवान रक्त दान दो
यह रुक न जाय ज्योति का जवान कारवाँ
तम पन्थ पर सदा बढ़े चलो रवाँ दवाँ
सो जाए अन्धकार में न प्राण की शमा
बन शलभ देश के लिए मिटो जवाँ जवाँ
सिर झुक न जाए क्योंकि देश के निशान हो।
बँध एक वित्त-सूत्र में जहान हिल रहा
इसमें मनुष्य शीश पर मनुष्य चल रहा
अपनी चिता सजा मनुष्य स्वयं जल रहा
यह दृश्य देखकर न आज आँख मूँद लो
वह चिन्तना करो की सब मनुज समान हों
ओ नौजवान, तुम जवान हो, जवान हो।

हंस, जनवरी-फरवरी 1945

## मँह मँह बेल

मँह मँह बेल कचेलियाँ, माधव मास
सुरभि सुरभि से सुलग रही हर साँस
लुनित सिवान, सँझाती, कुसुम उजास
ससि-पांडुर क्षिति में घुलता आकास
फैलाए कर ज्यों वह तरु निष्पात
फैलाए बाँहें ज्यों सरिता वात
फैल रहा यह मन जैसे अज्ञात
फैल रहे प्रिय, दिशि लघु लघु हाथ!

## सॉनेट

दोस्त, देखते हो जो तुम अन्तर्विरोध-सा
मेरी कविता कविता में, वह दृष्टि-दोष है।
यहाँ एक ही सत्य सहस्र शब्दों में विकसा
रूप रूप में ढला एक ही नाम, तोष है।
एक बार जो लगी आग, है वही तो हँसी
कभी, कभी आँसू, ललकार कभी, बस चुप्पी।
मुझे नहीं चिंता वह केवल निजी या किसी
जन-समूह की है, जब सागर में है कुप्पी
मुक्त मेघ की, भरी ढली फिर भरी निरन्तर।
मैं जिसका हूँ वही नित्य निज स्वर भरकर
मुझे उठाएगा सहस्र कर पद का सहचर
जिसकी बढ़ी हुई बाँहें ही स्वर शर भास्वर
मुझमें ढलकर बोल रहे जो वे समझेंगे
अगर दिखेगी कमी स्वयं को भी भर लेंगे।

कवि/जुलाई, 1957

# नभ के नीले सूनेपन में

नभ के नीले सूनेपन में
टूट रहे बरसे बादर

जाने क्यों टूट रहा है तन!
बन में चिड़ियों के चलने से
हैं टूट रहे पत्ते चरमर

जाने क्यों टूटा रहा है मन!
घर के बरतन की खन-खन में
हैं टूट रहे दुपहर के स्वर
जाने कैसा लगता जीवन!

ज्ञानोदय/जून, 1955

## साँझ जा रही

गिरि गिरि के दीप जला
साँझ जा रही!

शिखरों की छाँह सहस
दीपशिखा-सी हँस-हँस
अंचल में उकस उकस
झिलमिला रही!

सद्य-स्नात गिरि का तन
भींगा सित धूप-बसन
छाँह की सजल सिकुड़न-सी
सुहा रही!

धूप का सरकता सर
शेष श्वेत रेत-लहर
खग-पग-छाप-सी बिहर
झाड़ियाँ रहीं।

शैल पर धवल बादल
ज्यों खिले उपल-उत्पल

किरण-रेणुराजि निकल
निकल छा रही!

दिन का वह ऐरावत
दूर जा रहा गिरि-पथ
कर में रवि कमल विनत
सुरभि आ रही!

पीछे से स्वर्ण किरण
मूँद रही शैल-नयन
छका मुझे भी तुम, धन,
मुस्कुरा रही!

## कभी जब याद आ जाते

कभी जब याद आ जाते।

नयन को घेर लेते घन,
स्वयं में रह न पाता मन
लहर से मूक अधरों पर
व्यथा बनती मधुर सिहरन,
न दुख मिलता न सुख मिलता
न जाने प्राण क्या पाते!

तुम्हारा प्यार बन सावन,
बरसता याद के रसकन
कि पाकर मोतियों का धन
उमड़ पड़ते नयन निर्धन
विरह की घाटियों में भी
मिलन के मेघ मड़राते।

झुका-सा प्राण का अम्बर,
स्वयं ही सिन्धु बन बन कर
हृदय की रिक्तता भरता
उठा शत कल्पना जलधर।

हृदय-सर रिक्त रह जाता
नयन-घट किन्तु भर आते।
कभी जब याद आ जाते।

क्षत्रिय मित्र/अप्रैल, 1945

## पुरी-तट पर

सिन्धु-तीर का वह स्वर्णिम बिहान!
स्वर के धागे में दो गूँथ प्राण।

झीने-झीने बादल
खोल रहे दल पर दल
अन्तरिक्ष उपवन में
किरण तितलियाँ विह्वल
डूबा उल्लास में हृदय अजान!

फैला सागर नीलम
उठी स्वर्ण-घटा चरम
ज्योति-पद्म पर मेरा
उर ज्यों चंचल शबनम
सृष्टि बन रही तन्मय स्वर्ण-गान!

जलद-जलद किरण-खचित
पवन सुरभि-कर-वलयित
हँसूँ या कि रोऊँ मैं
आज प्राण सखा रहित
मन मरोर रहा सिन्धु-उर समान!

सन्धु-वक्ष में हलचल
प्राण-पद्म रहा मचल
आ रहा दिवस तरणी-सा
खोले पाल धवल
यह छवि तज अब कहाँ करूँ प्रयाण!

आकस्मिक लहर चपल
फेन धवल छल-छल-छल
बालू से खेल रहे मुझे
भिगो देती चल
लौटा प्रिय पास गया इधर ध्यान!

प्रथम किरण-पुलकाकुल
स्वर्णिम परिमल संकुल
इन्दीवर-सिन्धु का सहस्र दल
उठा ज्यों खुल
उड़ा स्वर्ण-भ्रमर बाल रवि महान!

समाज/19 सितम्बर, 1946

## प्रात

हिमगिरि पार फूटा प्रात!
प्राण की ओ निर्झरी! गिरि पार फूटा प्रात!

किरन रंजित शिखर सतरंगी
लपट से जल उठे हैं
चाँदनी के दीप में पुखराज
सौ-सौ बज उठे हैं
घाटियों में अलस तरल प्रमाद गलिता रात!

श्वेत-श्याम जलद दिवस निधि
से शिखर पर घूमते हैं
और झुक-झुक तनिक रुक-रुक
शाल-वन को चूमते हैं
किरण-वर्ण सुमेरु-सा नगराज स्वर्ण-स्नात!

कुहर अवगुंठित वनों का
अरुण घूँघट खोलता है
स्निग्ध अस्फुट बात सुक्तोत्थित

विपिन भी बोलता है
तरु-तले सोए जलद ज्यों वत्स सद्यः जात!

घाटियों में काँपती स्वर्णिम
तरल-सी धूप थर-थर
दीप के जयमाल पहनाके
शिखर को रजत-निर्झर
धूप के सर में शिखर ज्यों स्वर्ण के जलजात!

घाटियों में दूर लघु नदियाँ
रजत की ज्यों लताएँ
बिज्जु-फूल भरे उधर ऊपर
घनों के विपिन छाये
सो रहा तरु-बीच ज्यों धुँधला पवन अज्ञात!

देवदारु सजल अधर पर
लोटते हिम हास से घन
घाटियों से उठ रहे सोये
रुई से मेघ छन-छन
निकलता अब शस्य-श्यामल क्षितिज वह अवदात!

इस अनंत अमल अनावृत
रूप में ज्यों खो रहा है
चरण पर नगराज के शिशु
मेघ-सा ज्यों सो रहा है
देखता हूँ भूमि की यह दीप-लौ निर्वात!

हिमरहित पाषाण पर उस
यक्ष-सा मैं आत्म-हारा
ओ प्रकृति! सौन्दर्य हत मुझमें
विशुद्ध चिन्तन तुम्हारा
छलकती है नैन में उठ-उठ हृदय की बात।

समाज/जनवरी, 1947

# विद्रोही जयप्रकाश

आज प्रलप के प्रलय सिन्धु में
लहर-लहर से आकुल जन-जन!
इन लहरों की हुंकारों से
क्रान्तिचंड तेरा अभिनन्दन!

बँधे गुलामों की नस-नस में
ज्वार लिए तूफ़ान उठा है
गरम ख़ून की तीक्ष्ण धार पर
भारत का जलयान उठा है
कोटि-कोटि सिर में स्वदेश का
नगपति-सा अभिमान उठा है
गंगा-जमुना बन हिमगिरि से
स्वतंत्रता का गान उठा है
हिन्द-सिन्धु के तीर धो रहा
फूटे उर के फेन फफोले
नारी-नर लोहूलुहान तड़-तड़-तड़
तोड़ रहे निज बन्धन
हथकड़ियों की झंकारों से
क्रान्तिचन्द्र! तेरा अभिनन्दन!

आज भारती के अंचल में
जले दीप से हम बलिदानी

प्राची से झाँकती हमारी
नई उषा-सी लाल जवानी
नव रव, नव जल वाले घन बन
उठी हिन्द-अम्बुधि की वाणी
तपी, दली, कुचली धरती का
उमड़ पड़ा है अन्तर धानी
बहुत दिनों की सोई-सोई
शस्य श्यामला धरती जागी

उतरे आज भूमि पर, ऊपर
नभ में उड़ने वाले वे घन!
नये घनों की ललकारों से
क्रान्तिचंड तेरा अभिनन्दन।

आज समय के सबल चरण से
है हमने भी होड़ लगाई
बनकर धूल उड़ रही पीछे
पिछली दुनिया की परछाईं
अपने अस्थि रक्त से हमने
नव जग की है भित्ति उठाई
परिवर्तन का सिन्धु ले रहा
सहस फनों में ज्यों अँगड़ाई
प्रलय सृजन दो चरण हमारे
खोज रहे नव-युग की मंजिल
हम भस्मावृत अंगारों ने
दिया फेंक प्राचीन आवरण!
इन अंगारों के हारों से
क्रान्तिचन्द्र! तेरा अभिनन्दन!

समाज/6 फरवरी, 1947

## पहाड़ी कोयल

बोलती पिकी, सुधि-गिरि पार!
कहाँ हो, आओ!
दूर न जा, दूर न जा, दूर!
कहाँ हो, आओ!

क्षितिज स्थित शुभ्र जलद-सा
हिम का शिखरोन्मद
अन्तर की शीतल ज्वाला पर
ज्यों सुधि-पारद;
सूनी-सी घाटियाँ,
विजन का ज्यों मौन हिया
वहीं जलाती तुम
नवनीत-सा प्रगीत दिया;
पवि-कवि मौन
बह चला ज्यों निर्झर-बुदबुद
कूकते विरह के ओ प्यार!
कहाँ हो, आओ!

सांध्य-स्नात विटप-पाँत
स्वर्ण-चूर्ण-पूर्ण पात

तुम गाती श्याम रात
झरती ज्यों स्वर्ण प्रात
तेरा यह स्वर अभिनव
ज्यों अंगूरी आसव
छलक रहा शैल-प्यालियों में
बनकर कलरव,
ओठ से लगाए मैं
झूम रहा पुलक गात
नस-नस में टूटती खुमार!
        कहाँ हो, आओ!

शिखर पार दिवस धवल
किन्तु यहाँ निशा सजल
ढीले यह गिरि अपनी
छाया मुझ पर अविचल;
दूर घाटियों में घन
धुनी रुई से छन-छन
उतर रहे, मन में ज्यों
बरस चुके धवल नयन;
देवदारु तरु में घन रुके
हास-से निर्मल
प्राणों में मधुर-मधुर भार!
        कहाँ हो, आओ!

हिमाच्छन्न शैल शिखर
सांध्य कमल ज्यों सुन्दर
मँडराते तेरी वाणी के
बादल मधुकर;
व्यथा-कुहासा छाया

धुँधली गिरि की काया
ऐंठता धुआँ तरु पर
लतिका-सा लहराया
व्यथा-सिक्त प्रकृति-कंठ
तुम में हो उठा मुखर
दूरागत सुधि की झंकार!
        कहाँ हो, आओ!

जगत चीड़-वन विशाल
तव अभाव अन्तराल
जीवन बह रहा पवन-सा
सर-सर पथ निकाल;
तेरा स्वर बन हिलोर
हृदय-जलधि को मरोर
खींच रहा सूखे तट पर
रेखाएँ अछोर;
अनजाने गूँज एक
मन में तुम गई डाल;
प्राणों की प्रतिध्वनित पुकार!
        कहाँ हो, आओ!

निज प्रकाश में रुक कर!
खड़ा देखता दृग-भर
जीवन की छाँह बढ़ रही
जैसे तिमिर-शिखर,
डूबा मन, दिन समान
निशि-सी यह छाँह, म्लान
आह! आज तन से भी
मेरी छाया महान;

जीवन का बाँस बन
समीर! अब करो न मुखर
गीतों की माधवी फुहार!
कहाँ हो, आओ!

पारिजात/अप्रैल, 1947

# आदित्य-पुरुष गांधी

वत्सवितुवरेण्यं भर्गो देवस्य धीमहि,
धियो यो नः प्रचोदयात्।
नव सविता के निर्माण हेतु,
अर्पित मेरा यह प्रथम सूर्य!
भानुजा की असित कर्मधार
मुँद रहा चिता का रक्तोत्पल
भारत की नस नस के तट पर
मुँद रहे सहस्रों लाल कमल!
जलता उन पर आदित्य वर्ण
वह ज्योति पुरुष भू-संजीवन
अगणित नयनों के अर्घ्य बीच
कर रहा सूर्य स्वर्गारोहण!
वह सूर्य, कि जिसको सहस्राब्द
के क्षण-क्षण की टाँकियाँ अमर—
निर्मित कर सकीं, इसी भारत
के दुर्लभ महाभूत लेकर—
अध्यात्म आर्ष, गौतम करुणा,
जीमूतवाहनी आत्मदान,
भगवान राम की, शक्ति कृष्ण
की, क्रान्ति युक्त वह महाप्राण।

वह सूर्य, कि जिसमें राशिभूत
अब तक के कण-कण का प्रकाश
वह सूर्य, कि जो अब तक की
गतिमय संसृति का अन्तिम विकास।
वह सूर्य, कि जो गुण-पुंज सत्य
के हिमगिरि-सा उन्नत अखंड
वह सूर्य, कि जो है भूः भुवः स्वः
का शाश्वत शुभ मानदंड।
वह सूर्य, कि जिसकी किरण-किरण
में मुखरित जन-जन की वाणी
वह सूर्य, कि जिसका ज्योतिर्मय
स्वर पी जीवित प्राणी प्राणी।
वह सूर्य, कि जिसकी भुजा-भुजा
हर दुखी-दीन की थी संबल
वह सूर्य, कि जिसका अमित प्रेम
दलितों के लिए अभय का बल।
उस भूमा ने हम सीमित मनुजों
की सीमा को बढ़ा दिया
उस 'कवि' ने जीवद पर्जन्यों
से भू-पुत्रों को हरा दिया।
वह सूर्य, कि जिसको आर्ष चक्षु
भारत भी चीन्ह नहीं पाया
वह सूर्य, कि जिसने विश्व दिखाया
पर न स्वयं को दिखलाया।
वह सूर्य, कि जिसका बदल
हिरण्मय आच्छादन से बन्द रहा
हम देख न पाये सत्य-धर्म
वह पूषण दीप्त अमन्द रहा।
वह सूर्य, कि जिसने मनु-सुपुत्र
हो दैव-पाश भी जीत लिया

इस अन्धकार में जल-जलकर
स्वर्णिम प्रकाश भी जीत लिया।
वह सूर्य, कि जो हर गुहा-गुहा
के अन्धकार में मुसकाया
वह सूर्य, कि जो खंडित वसुधा
को उतर जोड़ में था आया।
वह सूर्य, कि जिसके चरणों ने
क्षण-भर भी नहीं विराम लिया
जीवन को सत्य प्रयोग मान
जिसने कम कहा, अनन्त किया।
वह सूर्य कि जिसने मृत कण-कण
हित अमृत ज्योति को लुटा दिया
मानव अधीर था, अत: निखर
आवरण-विघ्न भी हटा दिया।
वह सूर्य, कि जिसने क्षण जीवन
से ही अनन्त को मोल लिया
वह सूर्य, कि जिसने मृत्युंजय
बन अभय मृत्यु को तोल लिया।
मुँद गईं लपट की पंखड़ियाँ
उड़ गया ज्योति का हंस मुक्त
फैला सहस्त्र दिन की पाँखें
छा गया, किन्तु वसुधा वियुक्त।
वसुधा अब ओढ़ रही अपनी ही
परछाईं अतिशय मलीन
जन जन तम में घुल रहे
उमड़ता अन्धकार का सिन्धु पीन।
पर वही ज्योति तम की छाती पर
सहस नखत बन बिखर रही
इस वसुंधरा की लहरों पर
आलोक रश्मियाँ उतर रहीं।

इस मृत्युंजय भारत की आत्मा
सजग हुई फिर एक बार
'नव सविता का निर्माण करो'
फिर आती यह अन्तः पुकार।
फिर तिमिर जलाने को निशि-भर
हम तारों को जलना होगा
प्राणों के कण कण जुटा जुटा
नव दिनकर को रचना होगा।
इस भारत की ही मिट्टी है,
जिसने ऐसे आदित्य जने
नूतन प्रकाश के लिए एक हो
नवादित्य हम स्वयं बनें।
यह महासूर्य होगा शोषित
जन-जन के उर की अभिव्यक्ति
यह महासूर्य होगा नूतन
मानवता की गतिशील शक्ति।
स्वाधीन हिन्द के विक्रमाब्द का
आज उगा रवि प्रभापूर्य
इसलिए नव्य रवि रचना में
अर्पित कवि का यह प्रथम सूर्य।

समाज/13 मई, 1948

# नहीं बीतती साँझ!

दिन बीता, पर नहीं बीतती, नहीं बीतती साँझ!
नहीं बीतती, नहीं बीतती, नहीं बीतती साँझ!

ढलता ढलता दिन दृग की कोरों से ढुलक न पाया
मुक्त कुन्तले! व्योम मौन मुझ पर तुम सा ही छाया
मन में निशि है किन्तु नयन से नहीं बीतती साँझ!

सूनेपन का अति मन में वन कोलाहल मँडराया
सुने गीत की गूँज सदृश मन में अतीत लहराया
मन का रवि डूबा पर मन से नहीं बीतती साँझ!

बैठा सजल ओस-सा मैं दूर्वा में ज्यों भर आया
मन के मोती की लौ को इन किरनों ने उकसाया
ज्वलनशील इस करुणा कण से नहीं बीतती साँझ!

देख रहा हूँ दूर 'यूकलिप्टस' की खुली भुजाएँ
बाँहों में आकाश नयन में कुहरे की रेखाएँ
किन्तु विहग-कूजित इस वन से नहीं बीतती साँझ!

व्योम-कुसुम! तुम दूर कहीं सौरभ-वाणी फैलाती
लहर-लहर मुझ तक पुरुवा-सी याद तुम्हारी आती
अखिल आयु-प्लावित इस क्षण से नहीं बीतती साँझ!

खुले ताल में प्रतिबिम्बित तिरते घन धीरे-धीरे
भरे नयन में हैं तिरती तब क्षण-क्षण की तसवीरें
इस सिन्दूरी चित्रांकन से नहीं बीतती साँझ!

वाष्पाकुल सर सरि तरु अम्बर नगर डगर गिरि-श्रेणी
वाष्पशिखा विस्तृत शस्यों पर खोल रही है वेणी
गलितप्राय नयनों के घन से नहीं बीतती साँझ!

गीतों के दुख से जीवन का दुख मैं जीत न पाता
गीला शारदीय दिन यह फिर भी तो बीत न पाता
भस्मावृत जीवन-यौवन से नहीं बीतती साँझ!

नीड़-भ्रान्त, पथश्रान्त विहग-सा है उड़ता स्वर मेरा
शून्य पवन की डाली पर कब तक हो रैन बसेरा
गीत लिखा फिर भी गायन से नहीं बीतती साँझ!

समाज/8 जुलाई, 1948

# सुनहरा विहान

झुपुर-झुपुर धान के समुद्र में,
हलर-हलर सुनहरा विहान!

फेन-सी बलाक पाँत हिल रही,
डूबती कभी-कभी निकल रही
नील-पीत मरकती तरंग-सी
लुकाछिपी को हवा मचल रही
उझक-उझक क्षितिज पार झाँकता
अरुण चकित बाल-सा अजान!

वन में वैदूर्य तम पिघल रहा
ओला-सा चाँद आह! घुल रहा
चमकदार चटुल पात-पात पर
ओस-बूँद-सा हृदय बिछल रहा
उझक-उझक नयन पार झाँकता
हृदय अश्रु-बिन्दु के समान।

जल पर वह जलद छाँह आ गई
दर्पण पर खास भाप छा गई
वन की घन भौंह तल कुहेस की

क्षीण रेख मुस्कुरा लजा गई
नयनों के डोरों से रँग गए
सुधियों के साँवले निशान!

दूध की नदी उधर उमड़ चली
नहीं-नहीं, धेनु की लहर चली
वसुधा की वेणी-सी मेष राशि
पवन में मसृण-मसृण उभर चली
खोल धवल पाल नाव खे रहा
धरती की लहर पर किसान!

नभ में कुछ फालसई धारियाँ,
नारंगी घन की कुछ क्यारियाँ
भाग रहे जलद सराबोर हो,
मार रही किरणें पिचकारियाँ
कुम्हड़े के फूल-सा विहँस उठा,
झुर्रियों भरा हुआ सिवान!

कौन विहग दूर देश गा रहा?
लहरों पर तिरता स्वर आ रहा
विद्ध सुनसान तिलमिला रहा,
धानों का खेत कुलबुला रहा
प्राणों की धड़कन रुक-सी गई,
पीकर यह मदिर अमृत गान!

समाज/6 जनवरी, 1949

## तिर रही धान की लहरों पर

बादल के टुकड़े-सा दिन के
तीसरे पहर में उगा चाँद!

पावस की यह चम्पई धूप
धानों का चंचल हरा हिया;
राधा ने बन मुस्कान श्याम
को हरा-भरा यों बना दिया।

पुरवैया से हैं खेल रहे
झप झप झप धानों के पौधे;
अधरों से गीत खेलते हैं
गीतों-से प्राणों के पौधे।

उस हरियाली पर तैर रहा
बगुला एकाकी पर पसार;
नयनों की गीली धरती पर
नभ का नीला नीला विषाद।

खेतों में लहरा रही ख़ूब
कुछ उठ हरियाली की लहरी,

रह-रह अँगड़ाई-सी लेती
ज्वारों की भरी नदी गहरी

पंखों में बाँध सनन का स्वर
हिलकोरों से आती चिड़ियाँ;
कटि के संग जाती लचक
ग्रामबाला के स्वर की बल्लरियाँ।

कुछ तरस तरस रह जाता
वह मौन व्योमवासी चंदा;
नयनों की रक्तिम डोरों से
आ उलझ-उलझ जाता प्रमाद!

हँसते से दिन के ओठों पर
क्षण आ जाती दुखती छाया;
ज्यों स्वप्न-मग्न शिशु के अधरों पर
हास-रुदन की चल माया।

यह हास-रुदन, यह धूप-छाँह;
यह रजत घनों की अमराई।
तिर रही धान की लहरों पर;
नौका-सी घन की परछाईं।

मेरा शशि शतदल-सा बैठा
नभ की पलकों की छाया में;
आ गई नयन सीपियों बीच
सहसा मोती-सी मधुर याद!

जनवाणी/मार्च, 1949

# आषाढ़स्य प्रथम दिवस

है कौन बात, जो चुभ जाता
मन में असाढ़ का मेघ प्रथम!

बहती गीली हलकी हलकी
बहकी बहकी सी परवैया
मन तो पानी ही ठहरा पर
हिल जाती तन की भी नैया

क्या बात रात के आँसू की
वह तो ठहरी कब की दुखिया
पर क्यों उदास सा हो जाता
हँसता कपास सा दिन सुखिया

नभ सा मन भरा भरा रहता
फिर भी चुभती है कमी कहीं
उर धूप सदृश खोया खोया
झल झल छाले सा भरा मरम!

कुछ दूर क्षितिज क तरुओं पर
खिंच जात अंजनाभ बादल

लगती है धुवाँ धुवाँ आँखें
लग रहा स्निग्ध सा ज्यों काजल

उर पर झुक जाती घटा श्याम
ज्यों पकी पकी ओनई जामुन
भींगे तरु सा उर झुक जाता
लरजते यहाँ सुधि के पाहुन

देखते देखते उड़ जाता है
दिवस हाथ का ज्यों तोता
नयनों के पंछी भभर-भभर
पाँखे फड़काते सहम सहम।

भींगता धरा का फूल कहीं
जो आती हवा सुवास वसी
झर जाती पग पर इम्लतास
से मन की भी हल्दिया हँसी

सोई सोई सी धूल और
फुनगियाँ घास की लहराती
भुला भुला सा वर्तमान
सुधियाँ अतीत की उग आती।

# नामवर सिंह : किसानी उजास का कवि

यह कहना अतियुक्ति नहीं है कि मनुष्य के संवेगों की अभिव्यक्ति का आदिम स्रोत कविता ही रही है। मनुष्य के जीवन में भावों का प्रस्फुटन कविता की तहजीब के साथ-साथ परवान चढ़ा है। आदि कवि महर्षि वाल्मीकि के प्रथम श्लोक को आप पुनः ध्यान से पढ़कर देखें—

*मा निषाद प्रतिष्ठां त्वमगमः शाश्वतीः समाः।*
*यत्क्रौंचमिथुनादेकमवधी कामभोहितम्॥*

क्या इस कविता में महर्षि के मन में बहेलिए के लिए उठे भाव समस्त मानवता की क्रूरता के प्रति एक उद्घोष नहीं हैं? फिर महर्षि का श्राप तो उस प्रत्येक विध्वंसक के लिए है, जो सभ्यताओं तक को लील लेता है। कविता अपनी तरह से ऐसे विध्वंसकों को श्रापित करती रहती है।

निःसन्देह कवि अपने-अपने समय में उन बहेलियों की ही पहचान करता है, जो मानवता के लिए ख़तरा बनते जाते हैं। कभी-कभी यह पहचान साफ़-साफ़ शब्दों में अभिव्यक्ति पाती है, कभी-कभी अन्योक्ति में।

कविता एक-दूसरे स्तर पर भावों के क्रमिक विकास का भी परिचय दिया करती है। कवि-विशेष के भावों का सामाजिक के चित्त से मिलन जैसे कवि के लिए विरेचन का कार्य करता है, उसी तरह सामाजिक के चित्त का भी विरेचन करता है। साधारणीकरण की सारी प्रणाली कवि और पाठक के बीच के इसी अन्योन्याश्रित सम्बन्ध का विकास होती है। कविता कवि-विशेष के हृदय से सामाजिक के हृदय तक पहुँचते हुए जो रास्ता तय करती है, वह बहुत सारी सामाजिक उठा-पठक से भरा होता है। कविता इस मध्यांतर को भी दर्ज करती है।

कविता सामान्यतः एक संवाद है। लेखक और पाठक के बीच से होते हुए

वह मौन में भी अभिव्यंजित होती है। वह जितनी भाषा में बोल रही होती है, उससे कहीं अधिक अपने संयोजन में बोलती है। उसके भीतर के विराम अपने अर्थ स्वयं अर्जित करते हैं। तभी तो वह कवि-विशेष की भावनाओं का पुंज होते हुए भी सामाजिक की भावनाओं का भी पुंज बनती है। कभी-कभी वह पाठक के बदलने पर भी अपने अर्थ बदलती है। वह प्रत्येक पाठक के लिए अपना संभावित अर्थ सुरक्षित रखती है। तभी वह निरन्तर नवीन होती रहती है। प्रत्येक युग में उसके पाठ के मायने बदल जाया करते हैं। श्रेष्ठ कविता के कालजयी होने का एक प्रमाण यह भी है।

नामवर सिंह ने लगभग सात दशक पूर्व जो कविताएँ लिखीं थीं, उनका वर्तमान में पाठ करना उक्त मान्यताओं को ही पुख़्ता करता दिखता है।

नामवर सिंह, जो स्वयं को एक संवादी आलोचक कहते थे, कवि के रूप में भी संवादी ही रहे। यह इस किसानी उजास से भरे कवि का बिलकुल खेत की मेड़ पर बैठ कर किया गया संवाद लगता है। इसमें कहीं दूर भागने की जल्दबाजी का कोई लक्षण नहीं है। उनकी कविताएँ जिस तरह विकसित हुई हैं, उनमें संवाद के प्रति एक गहरा लगाव देखा जा सकता है। उन्होंने अपनी संवादी प्रवृत्ति के सम्बन्ध में कहा भी था कि—

> 'बातें बातें बातें। बातें ही तो करता रहा हूँ। कभी इनसे बात करना, कभी उनसे बात करना। और नहीं तो आप ही आप।...इसी व्यापार का एक अच्छा-सा नाम है 'संवाद'।'

एक कवि के रूप में नामवर सिंह जिस परिवेश में विकसित हुए वह नितान्त किसानी उजास और सौन्दर्य से भरा हुआ था। वहाँ आसपास सहज सुलभ थी—ग्रामीण मनोवृत्ति और प्रकृति से घनिष्ठता। नामवर जी ने कवि के रूप में उसी प्रकृति से उजाला पाया और अपनी कविता से उसी उजाले को विकसित और अभिव्यक्त किया। उनकी कविता ब्रजभाषा के जिस आभामंडल में अंकुरित हुई उसे छायावादी रंग ने ख़ूब पोषित किया। बाद में प्रतीकवादी छटा की आभा भी उसमें मिली, किन्तु उनका प्रतीकवाद भी ग्रामीणता के किसानी जन की गंध लिये हुए है। उसमें किसानी जीवट है। उसमें उदासी के स्वर नहीं हैं, संघर्ष का स्वर ही प्रमुखता पाता है। वह उस नए मानव को सृजित और अभिव्यक्त कर रही है, जिसमें प्रकृति के अपार सौन्दर्य को देखने की उम्मीद बची हुई है। जिसकी आँखें बादलों के टुकड़ों को नितान्त दिन में चाँद मानकर निहारती हैं—

*बादल के टुकड़े-सा दिन के*
*तीसरे पहर में उगा चाँद!*

*पावस की यह चम्पई धूप*
*धानों का चंचल हरा हिया;*
*राधा ने बन मुस्कान श्याम*
*को हरा-भरा यों बना दिया।* (तिर रही धान की लहरों पर)

यह उस किसानी युवक की आँखें हैं, जो धान की बालियों के लहराने को, गीली मिट्टी की ख़ुशबू को और अँगड़ाई लेती नदी के पीछे की जिजीविषा को बख़ूबी पहचानती हैं, जिन्हें ग्रामीण जीवन के इन संकेतों में सृजन की उत्प्रेरणा सहज ही दिखलाई पड़ती है।

नामवर सिंह की कविताओं में प्रकृति के प्रति एक विशेष अनुराग है। तभी उन्हें कहीं बादलों का पंख बाँधकर उड़ना अच्छा लगता है, कहीं पहाड़ी कोयल की कूक उनके अन्तस् को आह्लादित कर जाती है। नामवर जी की ये कविताएँ उमंग और उत्साह का गान हैं। ये किसी कुंठित हृदय की उपज नहीं हैं, बल्कि एक ऐसे मनाव-हृदय के निर्माण के लिए प्रयत्नशील हैं, जो समस्त मलीनता से मुक्त हो। उनके यहाँ इठलाते हुए बादल जीवन की सारी कलुषता को धो डालना चाहते हैं —

*भार लिये अम्बर का द्रुत*
*पंखों पर उतर आता बादल*
*पुरवैया के हिलकोरों में*
*क्यों इतना इठलाता बादल।* (बादल)

नामवर सिंह की अधिकतर कविताएँ जीवन-राग की कविताएँ हैं। उनके द्वारा स्वयं अपनी कविताओं के बारे में कही गई तीन महत्त्वपूर्ण बातें बहुत कुछ कह जाती हैं —

"1. प्रकृति चित्रण अथवा प्रेम-कथन मात्र पलायनवादी नहीं, दृष्टिकोण पलायनवादी या प्रगतिशील होता है। ये कविताएँ इस नीरस बनानेवाली सभ्यता में मनुष्य-मन को रससिक्त कर सकें तो यही है उनका मानवतावाद 'बुर्जुआ मानवतावाद' जिसका अपना ऐतिहासिक महत्त्व है।
2. ये प्रयोगशीलों की Surrealist मनोवृत्ति से भिन्न हैं। इनमें मन की

गूढ़-गाँठों की बीमारियाँ नहीं हैं। विषाद और बेचैनी प्रकृति के माध्यम से व्यक्त होती है जिसका आधार यथार्थ है। रूमानियत मात्र प्रयोगवाद नहीं।

3. ये रूपाकार में प्रयोगशीलों से काफ़ी मिलती-जुलती तथा विषय में भिन्न हैं। रूपाकार में भी। दुरूह प्रतीक विधान तथा बौद्धिक नीरस तर्कजाल से रिक्त हैं।"

नामवर सिंह की कविताएँ 1940 से 1950 के बीच में लिखी गई थीं। इसके बाद उनका रुझान आलोचना की ओर होता चला गया और कवि मन कहीं पीछे ही छूट गया। उनकी कविताएँ जिस कालखंड में विकसित हुईं, हिन्दी में वह प्रयोगवाद की पराकाष्ठा का समय है। नामवर सिंह की कविताएँ इस प्रयोगवाद से किनारा करती हैं। ऐसा नहीं है कि उनकी कविताओं के विषय नवीन नहीं हैं, बल्कि उनके यहाँ मन की गाँठों के लिए कोई जगह दिखलाई नहीं देती। उनका स्वर उल्लास की ओर ही अधिक रहा है।

नामवर सिंह की कविताओं में जहाँ कहीं भी निराशा का स्वर आया है, वह उनके आर्थिक बोध का ही परिचायक बना है। उनके इस आर्थिक बोध को समस्त ग्रामीण जीवन की गरीबी का ही चित्रांकन कह सकते हैं। अपने बेटे के जन्मदिवस पर उपहार न दे सकना मात्र एक पिता की विवशता भर नहीं है, बल्कि यह सारी ग्राम्य पट्टी का यथार्थ है —

*आज तुम्हारा जन्मदिवस, यूँ ही यह संध्या*
*भी चली गई, किन्तु अभागा मैं न जा सका*
*समुख तुम्हारे और नदी तट भटका भटका*
*कभी देखता हाथ कभी लेखनी अबन्ध्या।*
*पार हाट, शायद मेला, रंग रंग गुब्बारे*
*उठते लघु लघु हाथ, सीटियाँ, शिशु सजे धजे*
*मचल रहे... सोचूँ कि अचानक दूर छः बजे।*
*पथ, इमली में भरा व्योम, आ बैठे तारे*
*'सेवा-उपवन' पुष्पभिन्न गंधवह आ लगा*
*मस्तक कंकड़ भरा किसी ने ज्यों हिला दिया।*
*यदि उससे वंचित रह जाता तुम्हीं सा सगा*

*क्षमा मत करो वत्स, आ गया दिन ही ऐसा*
*आँख खोलती कलियाँ भी कहती हैं पैसा।*

(आज तुम्हारा जन्मदिवस)

यह कविता कवि की कुंठा का गान नहीं है बल्कि उस आर्थिक तंत्र का सच है, जिसमें जीवन की समस्त गतिविधियों का केन्द्र पूँजी बनती चली जा रही है। एक भिन्न अर्थ में पूँजीवाद के क्रूर सत्य से साक्षात्कार कराने वाली उनकी यह ठोस वाणी है, जिसके बिम्ब नितान्त ग्रामीण हैं। ये बिम्ब नामवर सिंह की कविताओं को और अधिक ग्राह्य बनाते हैं।

## 2

नामवर सिंह की कविताओं में अपने समय की राजनीतिक गतिविधियों के प्रति भी एक गहरी अन्तर्दृष्टि दिखलाई पड़ती है। यहाँ वे स्वतंत्रता आन्दोलन में सक्रिय तत्कालीन राजनीतिक कार्यकताओं के जीवन-संघर्ष को आधार बनाकर अपने सहजनों को ओज से भरने का भी कार्य करते हैं। उनकी कविताओं में निराशा के प्रति प्रतिकूल स्वर हैं। वे चाहते हैं कि आज़ादी के बाद जो नया दौर शुरू हुआ है, उसमें युवा अपने तपोबल से योगदान दें और देश के भविष्य की नई इबारत लिखें।

नामवर सिंह आज़ादी की लड़ाई के समय काशी के उदय प्रताप कॉलेज में अध्ययनरत थे। उन्होंने अगस्त क्रान्ति में सक्रिय हिस्सेदारी भी की थी। उनका कवि-मन देश की स्वतंत्रता के प्रति केवल बाहर से ही उत्तेजित नहीं था, बल्कि यह उनके सक्रिय संघर्ष की हिस्सेदारी से उपजी चेतना थी, जो वे भारतीय युवकों को क्रान्तिदूत कहकर आज़ादी के संघर्ष के लिए प्रेरित कर रहे थे—

*ओ नौजवान, तुम जवान हो, जवान हो*
*पथ पर न रुके जो स्वतंत्र वह समीर हो*
*जिनकी ज्वलन्त साँस आँधियाँ अधीर हो*
*इस विश्व की कमान पर जवान तीर हो।*
*तुम लक्ष्य साध जुल्म का शरीर बेध दो।*
*ओ नौजवान, तुम जवान हो, जवान हो।*
*तकदीर की लकीर पर न तुम चला करो*

*तदबीर के प्रदीप में सदा जला करो*
*कर से मलो विपत्तियाँ न कर मला करो*
*तस्वीर विश्व की बदल नया स्वरूप दो।*
*माँ के सपूत क्रान्तिदूत तुम महान हो।*

(तुम जवान हो)

आज़ादी के बाद की साम्प्रदायिक हिंसा के प्रति नामवर सिंह की कविताओं में एक गहरी उदासी भी दिखलाई पड़ती है। महात्मा गांधी की हत्या से नामवर जी का कवि-मन बेहद विचलित हुआ था। उन्होंने गांधी जी को सम्बोधित करते हुए कविता लिखी थी—'आदित्य पुरुष गांधी'। उन्होंने इस कविता में विशेषतः गांधी जी के अन्तर्राष्ट्रीय महत्त्व को अभिव्यक्त किया था और उनकी तुलना भगवान राम और श्री कृष्ण द्वारा अपने समय में की गई क्रान्तियों से की थी।

उन्होंने लिखा था—

*अध्यात्म आर्ष, गौतम करुणा,*
*जीमूतवाहनी आत्मदान,*
*भगवान राम की, शक्ति कृष्ण*
*की, क्रान्ति युक्त वह महाप्राण।*
*वह सूर्य, कि जिसमें राशिभूत*
*अब तक के कण कण का प्रकाश*
*वह सूर्य, कि जो अब तक की*
*गतिमय संसृति का अन्तिम विकास।*
*वह सूर्य, कि जो गुण-पुंज सत्य*
*के हिमगिरि-सा उन्नत अखंड*
*वह सूर्य, कि जो है भूः भुवः स्वः*
*का शाश्वत शुभ मानदंड।*

(आदित्य पुरुष गांधी)

नामवर सिंह सन् 1946 के आसपास काशी में थे, तभी अज्ञेय का कविता-संग्रह 'इत्यलम' प्रकाशित हुआ था। नामवर जी ने अज्ञेय की 'इत्यलम्' की प्रति त्रिलोचन जी के पास बैठकर पढ़ी थी। इसे पढ़ते हुए नामवर जी ने उनसे कहा था कि—'मुझे कुछ ज़्यादा समझ में नहीं आ रहा, आप इसका अर्थ समझाइए।'... उन्होंने त्रिलोचन जी को वह प्रति दी थी, जिसमें त्रिलोचन जी के हाथ की उस

समय की लिखी टिप्पणियाँ मौजूद हैं। त्रिलोचन जी की इन टिप्पणियों का उनकी कविता पर गहरा प्रभाव रहा है। नामवर सिंह का कवि-विवेक त्रिलोचन शास्त्री के सान्निध्य में विकसित हुआ है।

सर्वप्रथम त्रिलोचन जी ने ही नामवर सिंह की कविताओं पर एक सुचिंतित टिप्पणी करते हुए पाठकों का ध्यान उनकी अन्तर्निहित अभिव्यंजना की ओर दिलाया था।

उन्होंने लिखा था—

> "नामवर सिंह काल-विचार से ही नहीं अर्थ-विचार से भी आधुनिक कवि हैं। उनकी छोटी-छोटी कविताएँ ऐसी नहीं हैं कि नज़र डालकर कोई कह दे कि इनमें जितना कुछ जानना था जान लिया। कई बार पढ़ने पर इन कविताओं में गुम्फित भाव शब्दों और पदों के माध्यम से स्तर-स्तर खुलते हैं।
>
> नामवर सिंह के प्रकृति-चित्र दृष्टि की सीमा तक विशद और फैले हुए हैं। प्रकृति उनकी कविताओं में आलम्बन और उद्‌दीपन दोनों रूपों में आई है। सांध्यकाल में नौका विहार करते हुए गंगा में शत शत कम्पमान ज्योति लताएँ, हरित फव्वारों सरीखे धान, प्रभातकाल के लघुवृत्त दीपालोक, नदी पार के पेड़ों पर उगे हुए मृगशिरा नक्षत्र, पारदर्शी नील जल में सिहरते शैवाल, स्वर-ताग में पल्लव सरीखे पंछियों का सुभग बन्दनवार, सूचीभेद्य धन के द्वार, शाम के सादे बदरफट घाम, रात के भीतर उभरती रात-सी परिचित अपरिचित जिसकी तनों के फाँक के उस पार चमकता है शशिघुला निःसीम कल्प खुला खुला सा ताल, सवेग चलते हुए एक टहनी से दूसरी, फिर तीसरी पर उड़ रहा चंचल चिड़ी-सा चाँद; सब में नामवर सिंह दूसरे कवियों से अलग दिखाई देते हैं। वर्ण, गंध, शब्द, रूप इन सभी विषयों का सह-चित्रण करने में तथा जागरूक पाठक के हृदय में उसकी सहानुभूति जगा देने की ओर वे अपनी कविताओं में विशेष ध्यान रखते हैं।"

नामवर सिंह की कविताएँ पाठकों को छायावादी आभास लिये दिखतीं ज़रूर हैं, किन्तु उनमें आधुनिकता का पुट भी मिला रहता है। दूसरी ओर, वे राजनीतिक रूप से भी सचेष्ट हैं।

नामवर सिंह की अधिकतर कविताएँ 'क्षत्रिय मित्र', बनारस के 'ज्ञानमंडल प्रकाशन' से निकलने वाले 'समाज पत्र', पटना से प्रकाशित 'पारिजात' आदि में प्रकाशित हुई थीं। बाद में उन्होंने अपनी कविताओं को 'नीम के फूल' नाम से प्रकाशित करने के लिए भी भेजा, किन्तु दुर्भाग्य से वे प्रकाशित न हो सकीं। इसके बाद उन्होंने अपनी कविताएँ कहीं भी प्रकाशन के लिए नहीं भेजीं।

सन् 1946 में ही नामवर सिंह बनारस से दूर कलकत्ता की यात्रा पर गए थे। वहाँ उन्होंने पहली बार दूर तक फैली हुई अथाह जलराशि देखी। वे समुद्र के विस्तार को देखकर भाव-विभोर हुए। उन्होंने इस यात्रा से सम्बन्धित एक कविता लिखी, जो इसी वर्ष 'क्षत्रिय मित्र' में प्रकाशित हुई।

उन्होंने समुद्र को कुछ ऐसे याद किया—

*सिन्धु-तीर का वह स्वर्णिम बिहान।*
*स्वर के धागे में दो गूँथ प्राण।*

*झीने-झीने बादल*
*खेल रहे दल-पर-दल*
*अन्तरिक्ष उपवन में*
*किरण तितलियाँ विह्वल*
*डूबा उल्लास में हृदय अजान।* (पुरी तट पर)

सन् 45-46 तक नामवर सिंह केवल कविताएँ ही लिखते रहे। अब तक न उन्होंने कोई आलोचना लिखी थी और न ही उनका मन ही आलोचना लिखने को करता था। गीत आदि लिखने के लिए अक्सर यह माना जाता था कि उसके लिए प्रेम होना ज़रूरी है, उनकी ज़िन्दगी में वैसे प्रेम के लिए कहीं जगह ही नहीं थी। इसलिए वे अधिकतर प्रकृति पर ही कविताएँ लिखा करते। इन्हीं दिनों उन्होंने महादेवी वर्मा का 'रश्मि' नामक कविता-संग्रह पढ़ा, जिसमें दो कविताएँ सवैया छंद में लिखी गई थीं। उन्होंने भी इससे प्रभावित होकर एक सवैया लिखा—

*'तान के सोता रहा जल चादर, वायु सा खींच जगा गया कोई।'*

दूसरी ओर, इन्हीं दिनों अक्टूबर 1946 में बेनियाबाग में आचार्य नरेन्द्र देव के महती प्रयासों से सोशलिस्ट पार्टी का एक बड़ा सम्मेलन हुआ था। इसमें एक

साहित्यिक संस्था 'नवसंस्कृति संघ' का गठन करने का निर्णय लिया गया और इसकी अध्यक्षता की ज़िम्मेदारी हजारीप्रसाद द्विवेदी जी को सौंपी गई। अभी द्विवेदी जी शान्तिनिकेतन में ही थे। इसकी बनारस इकाई की ज़िम्मेदारी नामवर सिंह को दी गई। वे 1950 ई. तक इसके सचिव पद पर काम करते रहे। इस इकाई के अन्तर्गत हर महीने एक गोष्ठी होती, जिसमें त्रिलोचन, विजयदेवनारायण साही, राजाराम शास्त्री, शम्भुनाथ सिंह, भगवतशरण उपाध्याय आदि विद्वान प्रमुखता से आते। सभी अपनी कविताएँ सुनाते। ज़ोरदार बहसें होतीं। विचार-विमर्श होता। इसकी रिपोर्टें भी प्रमुखता से बैजनाथ सिंह विनोद के सम्पादन में प्रकाशित होने वाली पत्रिका 'जनवाणी' में प्रकाशित होतीं। इस इकाई की गोष्ठियों की चर्चा पर साहित्यिक जनों का विशेष ध्यान रहता। इस इकाई के संचालन से नामवरद जी में कुशल नेतृत्व की क्षमता का तो विकास हुआ ही, साथ-साथ वहाँ होने वाली बहसों से उनकी आलोचकीय चेतना भी विकसित हुई और उनका काव्य-विवेक भी निखरा। साहित्यिक प्रतिबद्धता सम्बन्धी ज़िम्मेदारी भी बलवती होती गई।

इन गोष्ठियों ने नामवर सिंह को विशेषत: कवि के रूप में विकसित किया। वे उन दिनों संस्कृति, राजनीति, समाज, प्रगतिशीलता, साहित्य आदि का ख़ूब अध्ययन करते और अपने समय को कविता में दर्ज करते रहते। उन्होंने इसी समय जयप्रकाश नारायण को सम्बोधित करते हुए एक कविता लिखी—'विद्रोही जयप्रकाश'।

दरअसल, 1942 के आन्दोलन में युवाओं के बीच नेहरू से अधिक जयप्रकाश लोकप्रिय थे। गांधी के समकक्ष जयप्रकाश को भी ख़ूब लोकप्रियता हासिल हुई थी। उनकी प्रगतिशील चेतना युवाओं को सोचने के लिए विवश करती थी। उन दिनों अनेक कवियों ने उनकी इसी प्रखरता को लक्षित करके कविताएँ लिखी थीं। मुक्तिबोध ने भी उन पर एक लेख लिखा था। दिनकर ने भी एक क्रान्तिकारी कविता लिखी थी। ऐसे में नामवर जी ने भी उन्हें 'क्रान्तिचंड' कहकर एक ओजस्वी कविता लिखी—

*आज प्रलप के प्रलय-सिन्धु में*
*लहर-लहर से आकुल जन-जन।*
*इन लहरों की हुंकारों से*
*क्रान्तिचंड तेरा अभिनन्दन।*
*बँधे गुलामों की नस-नस में*
*ज्वार लिए तूफ़ान उठा है*

*गरम ख़ून की तीक्ष्ण धार पर*
*भारत का जलयान उठा है*
*कोटि-कोटि सिर में स्वदेश का*
*नगपति-सा अभिमान उठा है*
*गंगा-जमुना बन हिमगिरि से*
*स्वतंत्रता का गान उठा है*
*हिन्द-सिन्धु के तीर धो रहा*
*फूटे उर के फेन फफोले*
*नारी-नर लोहूलुहान तड़-तड़-तड़*
*तोड़ रहे निज बन्धन*
*हथकड़ियों की झंकारों से*
*क्रान्तिचन्द्र। तेरा अभिनन्दन॥* (विद्रोही जयप्रकाश)

इस तरह जयप्रकाश को एक सशक्त योद्धा के रूप में चित्रित किया गया। नामवर सिंह की कविताओं में धीरे-धीरे प्रकृति की जगह राजनीतिक चेतना आकार लेने लगी थी।

प्रसिद्ध कवि राजेश जोशी ने नामवर सिंह की कविताओं को लक्षित करके 'बहुवचन' पत्रिका के नामवर सिंह विशेषांक में महत्त्वपूर्ण बातें कहीं हैं, जो उनकी कविताओं के सन्दर्भों को सहज ही उजागर करती हैं—

> "नामवर सिंह की कविता छोटे-छोटे जीवन-प्रसंगों की कविता है। उसमें जीवन और प्रकृति के अछूते दृश्यों और महीन विवरणों को लक्ष्य किया जा सकता है। त्रिलोचन जी को कभी यह लगा था कि नामवर की ऐसी कविताएँ उनकी प्रकृति और प्रेम सम्बन्धी कविताओं के स्तर की नहीं हैं। लेकिन मुझे लगता है कि नामवर की ऐसी कविताएँ जो जीवन के विविध प्रसंगों और अपने समय की विडम्बना9ओं को लक्ष्य करके लिखी गई हैं, मर्म को ज़्यादा छूती हैं। फिर वह अलाव के आसपास बैठे गाँव वालों की बातचीत वाली कविता हो या अपने बेटे के जन्मदिन पर कोई उपहार न दे पाने की कसक वाली कविता हो।"

नामवर सिंह की कविता सुदूर प्रदेश में बैठकर अपने निजत्व का स्मरण दिलाती रहती है। वह घर से बाहर गए हुए उन युवकों को आह्लादित कर रही है, जिनका घर उनकी नज़र में तिर रहा है, जिनकी साँझ बिताए नहीं बीतती। यह उनका किसानी मन ही है, जो बार-बार अपने उसी लोक में रमता है, जिसमें उनकी जड़ें हैं। वे याद करते हैं—

*गीतों के दुख से जीवन का दुख मैं जीत न पाता*
*गीला शारदीय दिन यह फिर भी तो बीत न पाता*
*भस्मावृत जीवन-यौवन से नहीं बीतती साँझ!*

*नीड़-भ्रान्त, पथश्रान्त विहग-सा है उड़ता स्वर मेरा*
*शून्य पवन की डाली पर कब तक हो रैन बसेरा*
*गीत लिखा फिर भी गायन से नहीं बीतती साँझ!*

(नहीं बीतती साँझ)

नामवर सिंह की कविताएँ जीवन को बहुत नज़दीक से देख रही हैं। उसका हास-परिहास उनके यहाँ जीवंतता के साथ आया है। उनकी अधिकतर कविताओं में ग्राम है और उसकी मनोहर प्रकृति। यह प्रकृति उन्हें ढाँढस भी बँधाती है और लड़ने की शक्ति भी देती है। निःसन्देह यह किसानी उजास ही उनके काव्य की मूल आत्मा है।

3

सन् 1951 में नामवर सिंह ने अपनी तब तक विभिन्न पत्रिकाओं में प्रकाशित हुई कविताओं को संग्रहित करके प्रकाशन हेतु जगदीश भारती को दिया था। दरअसल, जगदीश भारती त्रिलोचन जी के मित्र थे। उन्होंने 'भारतीय सहकार लिमिटेड' नामक एक संस्था बनाई थी और बनारस में किराये पर मकान लेकर प्रिंटिंग प्रेस का भी काम शुरू किया था। उन्होंने अपना 'भारती प्रेस' भी खोल लिया था। उन्होंने ही एक गोष्ठी में नामवर जी को यह संग्रह तैयार करने के लिए कहा था। नामवर जी ने लगभग एक सप्ताह तक निरन्तर काम करके अपनी पांडुलिपि प्रेस को सौंपी

थी। उनकी पुस्तक 'बक़लम ख़ुद' (जिसमें 17 व्यक्तिव्यंजक निबन्ध संकलित थे) भी वहीं से प्रकाशित हुई थी।

कवि नामवर सिंह ने बड़े चाव से अपनी काव्य-पुस्तक का नाम रखा था— 'नीम के फूल'। दुर्भाग्य से उन्हीं दिनों भारती का मकान मालिक से झगड़ा होने के कारण उनका वह प्रेस बन्द हो गया और नामवर सिंह का वह पहला कविता-संग्रह प्रेस में ही रह गया। उन्होंने भी उसे आगे कभी प्रकाशित कराने की कोशिश नहीं की।

अब लगभग सत्तर वर्ष बाद उनकी प्रकाशित-अप्रकाशित सम्पूर्ण कविताओं का यह संग्रह प्रकाशित हो रहा है, जो हिन्दी-कविता के लिए एक ऐतिहासिक धरोहर की तरह है। यह संग्रह हिन्दी की जनवादी कविता के आधुनिक कालखंड को समझने में उपयोगी भूमिका निभाएगा। और नामवर सिंह की काव्य-यात्रा का भी साक्ष्य होगा।

**—अंकित नरवाल**

❂❂❂